LES FÉERIES
DU TRAVAIL

CONFÉRENCES FAMILIÈRES

ORIGINE ET HISTOIRE DES TRAVAUX DE DAMES

PAR

F. FERTIAULT

PARIS

LIBRAIRIE ACADÉMIQUE

DIDIER ET Cⁱᵉ, LIBRAIRES-ÉDITEURS

35, QUAI DES GRANDS-AUGUSTINS, 35

LES FÉERIES

DU TRAVAIL

V

AUTRES OUVRAGES DE M. F. FERTIAULT.

LE POÈME DES LARMES (en collaboration avec Mme Julie Fertiault). Introduction par Henri Bellot. — Un beau vol. Portrait. 2e édition. L. Curmer. (*Épuisé.*)

LES VOIX AMIES. ENFANCE, JEUNESSE, RAISON (en collaboration avec Mme Julie Fertiault). Introduction par Henri Bellot. — 1 beau vol. Didier et Cie.

LES NOELS BOURGUIGNONS, suivis des NOELS MACONNAIS, traduits pour la première fois. Texte en regard. 2e édition illustrée. — 1 beau vol. Auguste Aubry.

LES RIMES DE DANTE (Sonnets, Canzones, Ballades), première traduction complète. — 1 vol. Lecou et Delahays.

HISTOIRE PITTORESQUE ET ANECDOTIQUE DE LA DANSE, chez tous les peuples anciens et modernes. — 1 beau vol. Auguste Aubry.

Etc., etc., etc. —

PARIS. — IMPRIMERIE DE E. MARTINET, RUE MIGNON, 2.

LES FÉERIES

DU TRAVAIL

CONFÉRENCES FAMILIÈRES

ORIGINE ET HISTORIQUE DES TRAVAUX DE DAMES

PAR

F. FERTIAULT

TAPISSERIE. — BRODERIE. — FILAGE. — DENTELLE.
FLEURS ARTIFICIELLES. — GANTS. — TRICOT. — PORCELAINE.
SOIE. — ACAJOU. — JOAILLERIE. — PARFUMERIE.
TISSAGE. — TRAVAIL.

PARIS

LIBRAIRIE ACADÉMIQUE

DIDIER ET Cⁱᵉ, LIBRAIRES-ÉDITEURS

35, QUAI DES GRANDS-AUGUSTINS, 35

1873

Droits réservés

INTRODUCTION

Occuper ses doigts, c'est occuper son esprit.

Est-il une personne, jeune fille ou jeune femme, se livrant à ces gracieux travaux dans lesquels sa spécialité est de si bien réussir, en se servant d'un de ces objets mignons façonnés tout exprès pour elle; en est-il une qui n'ait désiré en connaître, qui n'ait même essayé d'en découvrir l'origine?

Il y a le charme, il y a l'attrait dans ces curieuses recherches.

Pendant que l'aiguille couvre de fleurs multicolores un canevas qui devient tapis; pendant que, sur une gaze aérienne, elle dispose et cisèle, pour ainsi dire, les reliefs les plus délicats; pendant que le fuseau et le rouet allongent un fil égal et sans fin; pendant que sur un tulle impalpable on applique un ornement découpé d'une dentelle, ou que l'on fait voltiger les bobines sur un carreau pour y créer la dentelle même; pendant que l'outil découpe cette botanique charmante qui rivalise avec la nature; ou bien lorsqu'on admire un des mille petits chefs-d'œuvre de la féerique industrie, un vase, un coffret, un tissu, une pierrerie, un bijou, un parfum : on se prend plus d'une fois à se demander à qui l'on en doit la découverte, quel être privilégié lui a donné la première forme.

— Quel est l'inventeur de la Tapisserie?

— A qui appartenait le fil qui le premier a brodé.

— Quelle main a trouvé l'art de former ce Fil?

— Aux études de qui doit-on la Porcelaine?

— Qui, dans le bois, a su dégrossir les premiers meubles?

— Quel observateur a suivi l'odyssée de la Soie,
de la chenille aux brins d'or du cocon?

— Quel chercheur habile a déterré le Diamant,
pêché la Perle?

— Quels doigts exercés ont travaillé le Joyau?

— Qui conçut le procédé pour prendre leurs
parfums aux plantes? etc., etc.

C'est pour répondre à cette foule de questions
que l'idée nous est venue de ce livre.

Nous avons tâché d'y donner nos réponses
agréablement.

Le cadre imaginé pour ces petites conférences
(voyez-le dans la première) les anime et en fait
des scènes de la vie de famille...

Nous espérons qu'elles pourront plaire.

Elles contiennent ou effleurent beaucoup de
choses, — plus qu'on ne le croirait d'abord.

L'érudition — si érudition il y a — n'y pèse

point; elle est constamment dissimulée sous le pittoresque des détails et le piquant de l'anecdote.

Notre conférencier, d'ailleurs, est sympathique... ce pauvre M. Giraud est si timide, si modeste !

Suivez-le, mesdames et mesdemoiselles, dans ses courtes et amicales causeries : à vous toutes il a des merveilles à apprendre.

Puis, quand il vous aura intéressées, ouvrez bien votre esprit à sa dernière leçon;... vous y verrez de quels rayons il vous tresse la couronne du TRAVAIL !

F. FERTIAULT.

I

LES VACANCES DU VIEUX PROFESSEUR

SOMMAIRE

I

LES VACANCES DU VIEUX PROFESSEUR

— Mais non ! mais non ! ça ne peut pas durer ;
ça n'est pas possible... On ne traite pas les gens
comme cela, que diable !... Il faut les prévenir.
Quoi ! sans crier : gare ! sans transition aucune, me...
Ah ! vraiment, non ! Je ne le supporterai pas davantage. Aussi, qu'ai-je accepté !... que suis-je venu
faire dans ce château ?... J'aurais dû pressentir la
chose, et me douter de ce qui m'arrive. Ma person-
nalité est en jeu là-dedans. Il y va peut-être... De
quoi pourrait-il bien y aller ? De ma tranquillité ?
Non. De ma santé ? Encore moins. De ma dignité ?...
Je n'en sais rien ! Mais ce qu'il y a de sûr, c'est qu'il
faut que ça change...

Le personnage qui se plaignait ainsi se prome-
nait avec animation dans sa chambre, — dans la

chambre qu'il occupait au château de M***, — et accentuait ses plaintes de gestes très-expressifs.

Tout à coup il s'arrête, et s'assied devant son bureau :

— Comprend-on! continue-t-il, en accompagnant sa parole d'un frappement de doigts sur la tablette; comprend-on!... Pour moi, je n'ai jamais rien vu de semblable. Le matin, dès que je suis levé, on m'apporte une tasse de lait... un peu plus, on me l'apporterait dans mon lit! Au déjeuner, on me comble des meilleures choses. Au dîner, on me fait mettre — presque de force —à une place d'honneur. Tout le long du jour, c'est mille attentions : des bouquets sur ma cheminée, des pots de fleurs sur ma fenêtre; le soir, du thé et d'excellents petits gâteaux; la nuit, un lit où j'enfonce « comme dans du beurre » et où je fais des rêves couleur de printemps... Il n'est point de raison pour qu'on ne me donne pas le château... Non! encore une fois non! ça ne peut pas durer comme ça... et ça ne durera pas !...

Le vieux mécontent fait une nouvelle pause. Il se retourne sur sa chaise, et, appuyant ses mains sur ses genoux :

— Oui, je me le demande; qu'est-ce que j'ai fait pour être traité de la sorte? Rien. Et comment puis-je accepter... supporter?... Ah! pauvre Évariste!

Évariste, mon ami, vieux indiscret, si tu ne peux te soustraire à une pareille tyrannie, comment vas-tu trouver moyen de t'en reconnaître?

Là, notre sympathique monologueur tombe dans une méditation assez profonde. Toute son attention est concentrée au dedans, et il est indubitable qu'il cherche à résoudre quelque grand problème.

Laissons notre Archimède un peu chercher...

Il nous criera bien son « *Eureka!* » tout à l'heure.

Évariste Giraud, notre chercheur actuel, est un vieux professeur, plein de savoir et de bonté. C'est lui qui a soigné, dans le château même où il se plaint en ce moment, l'éducation des deux filles du propriétaire, éducation qui ferait honneur au maître le plus accompli. Il est de ceux qui mettent leur âme dans leur tâche, et ce rare mérite lui a gagné l'affection sincère de ses deux élèves et de toute leur famille.

Depuis quelques années, le châtelain tourmentait M. Giraud pour qu'il vînt passer ses vacances avec eux au château de M*** :

— Vous êtes fatigué, cher Monsieur. Quelques mois de repos vous feront du bien. Vous prendrez de la belle saison tout ce que vous voudrez, tout ce que vous pourrez en prendre. Arrivez. Vous serez ici comme chez vous. Vous aimez les livres et les fleurs ; bibliothèque et jardin seront à vos ordres.

M. Giraud, timide comme un vrai savant, n'osait accepter.

Tant qu'il avait été le commensal de la splendide habitation pour enseigner et diriger, se mouvant en plein dans l'exercice de ses fonctions, il s'était naturellement trouvé là dans son milieu ; de par le devoir, il se sentait chez lui.

A cette heure, c'était bien différent. Aller comme invité dans ce château lui semblait aussi difficile que s'il ne l'eût jamais habité comme professeur. Son extrême discrétion lui faisait craindre, non précisément d'y être gêné, — ce qui n'eût pas été impossible, — mais surtout d'y occasionner de la gêne aux autres...

Il se comptait toujours pour si peu dans ce monde !

Enfin, vaincu par d'affectueuses instances, il avait fini par accepter, et c'est dans *son* ancienne chambre meublée et ornée pour la circonstance exceptionnelle, que nous venons de l'entendre pousser ses originales exclamations.

Il avait beau se rappeler les soins qu'il avait prodigués à ses deux charmantes élèves, il ne comprenait qu'à grand'peine ceux dont on l'entourait actuellement. Vingt fois par jour il y revenait, et invariablement il s'en trouvait indigne,

De là les révoltes de son vieil esprit indépendant ; de là les tortures qu'il s'inflige du matin au soir, et les brusques doléances qu'il s'adresse, en courant après la solution qu'il désire.

Comme poussé par un ressort, il se lève de dessus sa chaise :

— Évariste, mon cher ami, se dit-il, tu as beau savoir bien des choses, tu ne sais rien du tout. Les faits les plus simples t'échappent, et tu galopes sans cesse après le difficile et l'inconnu. Voyons, en te remémorant un mot, un mot naturel de mademoiselle Jeanne, est-ce que ne voilà pas un moyen ? Hier, en regardant cette belle descente de lit, sur laquelle je n'ose presque pas poser les pieds, elle demandait à sa sœur Lucie « quel personnage pouvait bien avoir imaginé et exécuté le premier ce beau travail de la tapisserie... » Et toi, qui lisais comme un paresseux à côté d'elle, tu ne t'es pas dérangé, et tu as laissé sa demande sans réponse !...

M. Giraud commence à arpenter vivement le parquet de sa chambre :

— Eh bien, reprend-il, aie donc du cœur ! Réponds à cette question, et provoques-en d'autres. Cherche autour de toi ; regarde les objets qui t'entourent, et redeviens professeur. Rassemble tes élèves, offre-leur de petites soirées, et sur ce qui leur plaira, —

leurs travaux, par exemple, quotidiens et très-variés ; les travaux que l'industrie invente et exécute pour elles, — dis-leur tout ce que tu sais... et cherche ce que tu ne sais pas...

— Pris au mot, monsieur Giraud ! vous avez trouvé ! interrompent ensemble deux voix claires et sympathiques.

M. Giraud, suffoqué de surprise, tourne la tête.

Au moyen de ce déplacement, il a juste en face de lui mesdemoiselles Lucie et Jeanne.

— C'est bien nous ! s'écrient en éclatant de rire les deux aimables jeunes personnes.

— Comment !... comment !... balbutie-t-il.

— Nous étions là, et nous avons entendu.

— Entendu quoi ?... Je n'ai rien dit.

— Alors vous pensiez... tout haut.

— Penser n'est pas parler... Ah ! petites espiègles !... Pardon ! ah ! Mesdemoiselles !...

— Ne vous désolez pas, cher Maître ; c'est convenu, c'est accepté.

— Mais enfin, voyons, mes chères enfants... non, mes chères Demoiselles, là ! pourquoi écoutez-vous aux portes ?

— Pourquoi n'obéissez-vous pas à la cloche du déjeuner ? Elle appelle. Pas de M. Giraud ! Nous venons vous chercher. Au seuil, nous vous entendons parler, et nous écoutons... tout à fait malgré nous. Allons, venez ; vous nous exposerez votre plan en prenant votre chocolat.

— Bon ! c'est cela ! encore la tyrannie qui recommence ! Tout vous abonde, ici ; on n'a pas le temps de se donner la moindre privation !... Ah ! si je n'ai le moyen de m'acquitter, il est impossible que ça dure !...

— Ça durera tant que vous voudrez, monsieur Giraud. Venez vite à table. Nous allons sur-le-champ vous conquérir votre auditoire, et, dès qu'il vous plaira d'ouvrir votre cours, nous serons là, l'oreille docile et l'esprit joyeux.

Les deux jeunes filles l'entraînent et l'installent devant son petit bol fumant.

Il est vrai que si la pensée de M. Giraud avait des velléités d'indépendance, ses lèvres se délectaient à la saveur de son chocolat. Cet excellent stoïcien succombait, sans le savoir, par sa douce pratique ; mais il restait fermement stoïcien... en théorie.

— Dis donc, maman, tu ne sais pas ? dit Lucie à madame Ducamps.

— Non, ma fille. Quoi donc ?

— M. Giraud qui ne nous aime plus.

— Par exemple ! s'exclame le vieux professeur en laissant tomber sa cuiller...

— Et, continue Jeanne, qui s'amuse à tramer un complot...

— Qui est découvert, puisqu'on en parle, réplique la mère en souriant.

— Quel est donc ce complot si noir ourdi par M. Giraud? interroge M. Ducamps.

— Nous quitter... tout simplement, répondent avec une finesse affectueuse les deux jeunes filles.

— Qu'est-ce à dire? s'écrient M. et madame Ducamps en simulant la grosse voix.

— Ah! mais... Ah! mais... essaye d'expliquer le vieux professeur, qui s'étrangle à moitié.

— Oui, nous quitter... à moins que...

— Ah! reprend le père, il y a une réticence.

— La voici : à moins qu'il ne nous plaise de suivre un cours que M. Giraud a envie d'organiser pour nous et de nous faire à notre gré.

— Un cours?... de quoi?...

— Sur un désir de Jeanne, qu'il a deviné, comme nous venons de deviner le sien, notre très-aimable M. Giraud va nous apprendre les origines de nos petits travaux...

— C'est cela!... reprend le vieil ami, qui se sent soulagé; c'est cela!... Dites, mademoiselle Lucie; dites... C'est bien cela!... continuez.

Mais il ne sortait pas de là. Son embarras visible eût embarrassé ses hôtes si M. Ducamps ne fût venu à son aide :

— Et quand commencez-vous, monsieur Giraud?
Nous serons tous vos auditeurs. A propos, quelle salle
choisirez-vous?

— C'est vrai. Où la conférence?

Le vieux professeur respirait et reprenait peu à
peu son aplomb. Un mot dit dans le ton juste et
bienveillant a bientôt remis les esprits timides.

— Je puis commencer dès ce soir, dans le petit
salon, qui nous suffira... Certainement... de cette
façon, au moins... je ferai... je donnerai... quelque
chose... en échange de la vie sans pareille que je
mène ici... Ça me raccommodera avec moi-même,
voyez-vous... et ce ne sera pas de trop; car sans cela
je crois, Mesdemoiselles, que mon chocolat n'aurait
point passé. Vous figurez-vous comme je vais être
heureux? Compenser un peu les soins que vous
prenez de moi... Voilà de bonnes vacances, mon vieil
Evariste!...

On applaudissait déjà à l'entrain du bonhomme,
entrain qui vient souvent chauffer son excellente nature.

— D'abord, continue-t-il, je cherche ici tout ce
qui pourra me servir de thème : un tapis, une dentelle, une guipure; un tissu de soie, de lin, ou de
coton; une broderie, de toutes couleurs et de tous
points; un bijou, un petit meuble, une statuette,
un livre, un album, que sais-je? Puis, à l'aide de ma

mémoire et de mes livres, — sans négliger ceux d'ici, — je remonterai à l'origine de l'objet choisi pour matière de la conférence... et je vous en raconterai les légendes, les traditions et les merveilles... sans oublier les anecdotes.

— Parfait! acclame-t-on à l'unanimité. Dès ce soir nous sommes des vôtres.

— Avec une attention soutenue.

— Vous faudra-t-il une chaire, monsieur Giraud? demande Jeanne.

— Riez!... Non; c'est assez de mon fauteuil.

— Et le verre d'eau sucrée de l'orateur, où se mettra-t-il?

— A côté de moi, sur le guéridon, qui me sera nécessaire pour poser des notes, un cahier, un volume...

— A votre gré. Vous avez plein pouvoir. Agissez, organisez, et, à l'heure voulue, appelez-nous... Nous vous écouterons de toutes nos oreilles.

II

TAPIS ET TAPISSERIES

SOMMAIRE

Installation de M. Giraud. — Son auditoire. — La descente de lit.
— A quoi il la fait servir. — Origine obscure de la Tapisserie.
— Nattes des patriarches. — Babyloniens, Egyptiens, Mèdes, Perses,
Grecs. — Leurs travaux en tapisseries. — Alexandrie, les Ptolémées,
un Sybarite. — Usage des tapis. — Romains, Attale. — Enjambée
jusqu'en France. — Longue nomenclature, de 840 à 1608. —
Pierre du Pont. — Coup d'œil en Flandre. — Cartons de maîtres.
— La *Savonnerie*, Colbert. — Jehan Gobelin. — La manufacture de ce nom. — L'*Assemblée des dieux*. — La Tapisserie de
la reine Mathilde. — Incertitude. — Description. — La Tapisserie
de Charles le Téméraire. — Gobelin, lutin gaulois. — A propos du
hasard. — Encore la descente de M. Giraud. — Fin de la conférence.

II

TAPIS ET TAPISSERIES

Le soir — le premier soir du cours — est venu.

Par les bons soins de ses deux élèves, M. Giraud est installé, et, suivant ses désirs, on est réuni dans le petit salon.

Bon fauteuil, verre d'eau sucrée sur la table, rien ne lui manque. Quelques volumes sont aussi déposés sur le guéridon ; mais je soupçonne là une petite coquetterie de professeur, que je vous ferai remarquer plus tard.

Le vieux savant a convoqué tout le monde du château, et plus que tout le monde s'est rendu à son appel : M. et madame Ducamps, Jeanne et Lucie sont là, et, en outre, deux jeunes amies, voisines que la voiture reconduira chez elles après la séance. Il n'est pas jusqu'au personnel des serviteurs à qui l'on n'ait donné la permission d'écouter... M. Giraud est enchanté de son auditoire.

Chacun est à sa place. Sur un signal convenu, il se fait un grand silence, et le professeur va commencer.

Avant de prendre la parole, il se baisse. Ce mouvement appelle les regards...

Tout à coup Lucie part d'un éclat de rire :

— Ah ! maman, M. Giraud qui craint, par cette chaleur, d'avoir froid aux pieds !...

— Mais non, réplique Jeanne ; c'est pour faire honneur à sa descente de lit, qu'il trouve si belle.

— Mademoiselle Jeanne, vous avez bien dit. C'est pour lui faire honneur, à cette magnifique descente, que je l'ai prise avec moi ; mais ce n'est point en marchant dessus, au moins.

— Elle est cependant faite pour cela.

— Tant que vous voudrez ; mais trop belle, trop belle !

— De quelle manière, alors, allez-vous donc vous y prendre pour vous en servir ?

— Je me souviens du désir manifesté par l'une de vous, chères Demoiselles, et j'ai apporté ma descente, — qui vous fait tant rire, — exprès pour m'inspirer et m'aider à le satisfaire.

— Bon ! bon ! je devine que, ce soir, vous allez nous parler tapis.

— *Tapis et Tapisseries.*

— C'est on ne peut plus à propos.

Puis, donnant aussitôt carrière à son besoin de connaître :

— Et, demande Lucie en répétant la première question de Jeanne, quel « personnage » est l'inventeur de ce bel art de la tapisserie ?

— Vous vous êtes demandé cela plus d'une fois, j'en suis bien sûr, devant le splendide Gobelin qui garnit un des murs de votre bibliothèque. En effet, cela pique la curiosité. On aimerait à suivre cet inventeur dans les détails mystérieux et peut-être dramatiques de sa découverte. Malheureusement la tradition ne peut vous édifier sur ce point.

— Eh ! quoi ! l'on ne sait pas ?...

— Non ; ils ne sont pas connus de nous, les doigts habiles qui ont imaginé de peindre sur une trame avec de la laine ; on n'est pas même fixé sur l'époque à laquelle apparurent les premiers tapis.

— Cet art, interrompt madame Ducamps, demande trop de délicatesse et de perfection pour qu'on puisse l'attribuer aux premiers âges ?

— Ce que vous dites là, Madame, est très-sensé, et les érudits appuient votre opinion. Que de jours. en effet, avant que les mains prissent de l'aptitude ! combien de tentatives avant qu'une muraille pût se décorer de son premier tapis !... Orient, poétique contrée, on te donne comme le berceau de notre industrie; mais, sans être trop curieux, je ne serais pas fâché de voir, de toucher les nattes sur lesquelles s'asseyaient les patriarches.

— Elles devaient être bien primitives?...

— Et fort peu semblables à ma belle descente.

— Les patriarches, croyez-vous, n'auraient pas osé du tout l'effleurer?

— Ou ils eussent été bien hardis. Dam! songez donc. Ces fleurs sont si vives, si naturelles, qu'on a vraiment peur de les casser en mettant le pied dessus...

— Et, après les patriarches, inventeurs des nattes, quels peuples plus progressistes allez-vous nous citer?

— Des peuples lointains et disparus : — les Babyloniens, qui se servaient ordinairement de tapis pour mettre sous leurs pieds; — les Égyptiens, sur les monuments desquels divers hiéroglyphes représentent des navettes, des métiers à tisser, des quenouilles, et dont les ouvriers avaient su faire à Amàsis une cuirasse d'une étoffe si serrée qu'elle était impénétrable au fer; — les Mèdes et les Perses, plus célèbres pour la finesse du tissage et la vivacité des couleurs que pour la composition et le dessin. Plantes de fantaisie, animaux invraisemblables, personnages impossibles, hommes terminés en gaînes, femmes

contournées en spirales, tout s'y trouvait pêle-mêle,
sans perspective, sans art, grotesque et incohérent.

— Comme dans les peintures chinoises ?

— C'est peut-être la meilleure idée que vous puis-
siez vous en faire. Mais rien ne se localise ; pour subir la merveilleuse loi du perfectionnement général,
tout doit circuler, et les produits de nos trois peuples
pénétrèrent dans la Grèce. Plus artistes que leurs
maîtres, les Grecs épurant leur goût, améliorèrent
la fabrication des tapis. Ils s'inspirèrent du fantasque
pour créer leurs griffons, leurs centaures et autres
animaux de leur imagination ; mais ils les reléguèrent
aux bords de leurs compositions, dont ces fantaisies
devinrent ainsi les encadrements. Ces tapisseries
persanes, médiques ou babyloniennes, à l'usage
de tous, étaient nommées *tapisseries barbares ;* à
côté, l'on confectionnait, pour les grandes cérémonies, les *pepli,* beaucoup plus finement tissés et
représentant, dans leur développement considérable, un mythe entier, l'odyssée d'un héros ou d'un
dieu.

— Oh ! j'aurais bien voulu pouvoir admirer une
de ces longues histoires écrites en fils de couleur !

— L'un de nos musées peut vous satisfaire, non
pour une tapisserie aussi ancienne, mais pour une
du onzième siècle. Nous y reviendrons tout à
l'heure. Cet art allait toujours se perfectionnant. Les

Juifs en enrichirent Alexandrie, et Calixenus nous apprend que, sous les Ptolémées, on vit des tapisseries admirables. Nous savons par Aristote qu'un Sybarite avait fait broder une grande tapisserie, dont le milieu représentait les six principales divinités de la Grèce. Le haut avait pour bordure des arabesques de Suze, et le bas, des arabesques persanes. Il avait déployé là toute la richesse possible. Ces larges tapis voilaient l'ouverture des portes, ornaient l'intérieur des temples, ou garnissaient les parois des grottes sacrées où se faisaient les initiations.

— Quel luxe déjà ! Et après ?

— Après les Grecs, les Romains, qui leur ont tant emprunté, et qui ne manquèrent pas de s'approprier ce genre d'ameublement. Ce qui surtout détermina chez eux le culte de cette industrie, ce fut une bonne fortune du peuple romain, institué l'héritier des États et des biens d'Attale, roi de Pergame. Ce roi, à ce que l'on assure, était possesseur de magnifiques tapisseries aux couleurs éclatantes et rehaussées d'or.

— Elles ont dû éblouir et stimuler. Mais dans ces proportions-là, cher monsieur Giraud, en finirons-nous ce soir ?... Si nous arrivions d'emblée à la France ?

— Volontiers, d'autant plus que les détails ne

nous manqueront pas. Une grande enjambée alors, et nous voyons l'évêque d'Auxerre, saint Angelme de Norvége, faire, avant 840, exécuter pour son église « un grand nombre de tapis. » — Plus tard, vers 985, les religieux de Saint-Florent de Saumur fabriquaient, dans leur enclos, étoffes et tapisseries. — En 1025, Poitiers avait une manufacture dont les tapis représentaient des portraits et des sujets tirés de l'histoire sainte. — Vers 1060, l'abbé de Saint-Riquier, Gervin, signala sa libéralité en achetant des tentures et faisant faire des tapis. — Après 1133, Mathieu de Loudun fit exécuter, pour l'abbaye de Saint-Florent citée plus haut, une « tenture complète, » représentant les vingt-quatre vieillards de l'Apocalypse et des chasses de bêtes fauves. Le vieil historien Joinville nous apprend que saint Louis, vers 1240, rendant familièrement la justice à ses vassaux au Jardin de Paris, faisait étendre des tapis pour asseoir ses officiers...

— Comme cela? par terre?

— Oui, à l'orientale. L'usage de s'asseoir par terre, sur des tapis, était venu par les croisades. Nous en trouverions des exemples dans nos vieux romans : « En entrant au palais, Parténope trouva un dais qui lui était préparé, et, devant le feu, un tapis orné de siglaton, pour s'asseoir s'il voulait se chauffer. » Je reprends ma nomenclature : — En

1573, le cardinal de Lorraine donne à la cathédrale de Reims des tapisseries représentant l'histoire de Clovis. — En 1595, après la bataille de Nicopolis, notre roi Charles VI offrit à Bazajet Ier des « draps de hautes lices ouvrés à Arras en Picardie », sur lesquels se voyaient, d'après le désir manifesté par le sultan, « de bonnes histoires anciennes... »

— Cela prouverait que les tapisseries *historiées* étaient rares en Orient ?

— Juste. Ce nom de Charles VI, à cause de l'inventaire de ses tapisseries, dont la majorité était de façon *sarrazinoise*, nous amène aux Sarrazins, qui avaient fait chez nous une éruption violente sous Charles Martel. Parmi les combattants se trouvaient de leurs ouvriers en tapisseries. Quelques-uns, prenant goût au pays, s'y établirent et nous fabriquèrent des tapis de leur façon. Cette ligne de fabrication progressa sans cesse jusqu'au règne de Henri IV. Là, elle s'améliora encore, grâce aux soins et à l'habileté de Pierre Dupon (autre part : du Pont), « qui, obligé pour vivre de travailler en tapisserie, préféra le *point sarrazinois* », et le poussa si loin, qu'il parvint à « imiter toutes sortes de tableaux ».

— Comme aux Gobelins ?

— Oui. Il eut d'abord la direction d'une manufacture, puis fut nommé tapissier ordinaire du roi, qui le logea au Louvre, en 1608. Mais une minute, s'il vous plaît. Quoique nous soyons en France, je ne voudrais pas oublier que la Flandre, dans le cours des quinzième et seizième siècles, exécuta de splendides tapis, d'après les dessins de Raphaël. De ce nombre, sont les dix tapisseries de la grande église de Chartres, données par l'évêque de cette ville, M. de Thou, admirablement exécutées; elles reproduisaient les magnifiques peintures des Loges du Vatican, et avaient de riches bordures en laines très-fines et toutes relevées de soie.

A l'exemple de ce maître, Jules Romain, Albert Durer, Lucas de Leyde, Bernard Van Orlay, et autres, ont fourni pour la tapisserie d'admirables cartons.

— De pareils noms sont une vraie gloire pour cette industrie.

— Une autre, cependant, se préparait de longue main. Dès l'année 1450, un nom croissait en popularité.

— Ce nom ?

— Est celui de Jehan Gobelin, teinturier en laines, qui demeurait sur la Bièvre. Il se servait si habilement des eaux de cette rivière, d'ailleurs très-propice alors, qu'il transmit son renom à ses descendants et à leurs successeurs. Louis XIII avait déjà établi *la Savonnerie* à Chaillot, en 1631; mais en 1667, Colbert se décida à établir définitivement, et en y englobant la première, la manufacture sans rivale que possède la France, sous le nom de : *les Gobelins*. Tout mon cher auditoire l'a visitée, cette manufacture; vous avez tous vu fonctionner ces maîtres ouvriers...

— Qui, pour leurs copies splendides, pour leurs merveilles tissées, font des tours de force de patience.

— Si vous en vouliez un exemple, chères Demoiselles, je pourrais vous apprendre, d'après M. Lacordaire, que, pour reproduire l'*Assemblée des dieux*, de Raphaël, « il a fallu préparer vingt-huit gammes de vingt-quatre tons chacune; les carnations seules ont employé vingt-deux gammes, ou cent vingt-huit tons, sans compter ceux qui ont été pris parmi les anciennes couleurs sur la cire, en magasin. »

— Cela me donne un léger vertige.

— Je n'ai donc pas à vous décrire leurs travaux. Ce que vos yeux ont vu alors vaut mieux que ce que vos oreilles entendraient aujourd'hui.

— Non, non; mais enfin nous connaissons assez bien cet établissement. Nous y avons vu les doigts à l'œuvre, et nous vous dispensons de nous le détailler de nouveau. Ce que nous vous demandons plutôt, c'est le mot que vous oubliez sur « une certaine tapisserie du onzième siècle. »

— C'est vrai. Je glissais involontairement sur ce point, qui sera bien vite touché. La tapisserie signalée est celle que la reine Mathilde (1), épouse de Guillaume le Bâtard, duc de Normandie, appelé plus tard Guillaume le Conquérant, exécuta, dit-on, de sa propre main. Sur cette broderie, longue de 214 pieds et haute de 18 pouces, se déroule l'expédition entière de Guillaume, la bataille de Hastings, la conquête de l'Angleterre, en 1066. Pendant des années, cette tapisserie a été la propriété de l'église de Bayeux ; aujourd'hui, comme je vous l'ai dit, elle est l'ornement de l'un de nos musées. Les couleurs des laines ont subi des altérations sensibles.

— Je reviens à votre « dit-on » de tout à l'heure. Croyez-vous bien que la reine Mathilde ait pu broder cette interminable frise « de sa propre main ? »

— Entre nous, j'incline fort à croire que les dames de sa cour l'ont aidée ; qu'elles ont peut-être été dirigées dans leurs dessins par quelque habile brodeur... Quoi qu'il en soit, l'œuvre est faite, et l'honneur mérité en revient à la bonne épouse la reine, cette première reine normande de la Grande-Bretagne.

(1) D'aucuns prétendent — voyez ce que l'érudition renferme d'incertitudes ! — que la célèbre tapisserie de Bayeux est l'ouvrage « d'une autre Mathilde, fille de Henri Ier, roi de France, d'abord femme de l'empereur Henri V, puis du comte d'Anjou, Geoffroy Plantagenet. »

— Et ce n'en est pas moins un exemple de ce que peut le travail dans la famille !

— Sans doute.

— A l'intention de ceux et de celles qui ne l'ont point vue, cette précieuse tapisserie, pourriez-vous, cher monsieur Giraud, nous en faire une légère description ?

— Sans peine, Mesdames. Une *Excursion sur les côtes du Calvados* va nous servir. Toute la « multitude armée de cette race normande, rude et indomptable, y est peinte dans sa physionomie guerrière. Chaque fait de cette grande épopée militaire y a son cadre particulier. Ici on voit les fiers barons armés de toutes pièces, les écuyers et les varlets conduisant les chevaux de trait et les chevaux de bataille. La foule s'agite en tous sens; l'un porte un fardeau de bois sur ses épaules, un autre apprête ses armes. On voit les navires en charge, et la vaste mer au fond du tableau. Plusieurs guerriers apportent un petit baril ovale, de forme élégante, qu'on retrouve aujourd'hui encore dans toutes les fermes du pays d'Auge, et qui sont destinés à recevoir les cidres et les eaux-de-vie qui font l'objet d'un commerce considérable dans ces contrées. » Il y aurait bien d'autres traits à ajouter, mais je m'arrête...

— En bien beau chemin.

— C'est vrai. Je voulais vous toucher aussi deux mots de la non moins fameuse tapisserie de « Charles le Téméraire », qui vient d'échapper au désastre du musée de Nancy, entièrement détruit par l'incendie qui a dévoré le palais des ducs de Lorraine.

— Vous savez qu'il ne faut jamais nous faire venir l'eau à la bouche...

— Aussi ai-je ma note toute prête. Ces curieuses tapisseries formaient la tente du *Téméraire*, duc de Bourgogne, à qui on les prit en 1477. « Elles représentaient divers sujets : 1° L'histoire et le jugement de Banquet, contre lequel Diner et Souper viennent porter plainte devant les juges, et elles sont expliquées, dans chaque panneau, par de longs fragments empruntés à un mystère de Nicole de la Chesneraye ; — 2° la prise et le sac de Gand par Philippe le Bon (dont une reproduction sur toile orne le musée de Versailles). Ces tapisseries sont l'œuvre de la mère du vaincu de Granson et Morat et de sa fille Marie, plus tard épouse de Maximilien d'Autriche. »

— J'ai beau aimer la tapisserie, voilà de longs travaux qui me feraient peur.

— Pour venir à bout de leur tâche, il a fallu à ces reines ou princesses laborieuses un système bien opposé à celui de Pénélope.

— Il est certain qu'elles n'ont pas dû défaire, la

nuit, leur travail du jour. Mais j'ai une autre préoccupation. Songe donc que, tout à l'heure, tu as interrompu M. Giraud. Il avait peut-être encore à nous fournir quelques renseignements sur les Gobelins?

— Sur l'établissement même, non pas; mais sur le nom de l'établissement. Ce nom de *Gobelin* — pour nous si consacré et significatif qu'il ne dit pas autre chose que *tapis* — se trouve dans la mythologie gauloise. Il y est donné à une espèce de démon, d'esprit malin, de follet habitant les recoins les plus cachés de la demeure, et qui, gourmand et nourri des mets les plus délicats, en échange protégeait la maison.

— Quel rapprochement entrevoyez-vous entre ce lutin gaulois et le vieux teinturier de la Bièvre?

— Il y a tout à croire que les ascendants de Jehan Gobelin ont dû, dans une occasion quelconque, recevoir cette appellation en guise de sobriquet... Du reste, qu'il en soit ainsi ou autrement, l'esprit follet doit être glorieux de la notoriété que son nom a prise.

— Je le crois, certes! A sa place, j'en serais toute fière aussi.

— Et il y aurait de quoi. Convenez, chères Dames et Demoiselles, que le hasard a surtout de l'à-propos. N'est-elle pas bien venue, cette tradition de lutin, devant les produits dont Jehan Gobelin a commencé la série; devant même les gracieuses imitations qu'en font vos doigts agiles à l'aide de l'aiguille et du canevas?

— Et devant votre belle descente de lit, que vous allez reprendre, remporter, étaler de nouveau avec précaution, et sur laquelle nous vous permettons, non-seulement de poser les pieds, mais encore de danser toutes les sarabandes imaginables.

— Moi, danser?

— Pourquoi pas?

— Oh! chères Demoiselles! Il est vrai que je suis bien content, que la joie déborde en moi de ce que j'ai pu me rendre, je ne dirai pas précisément utile, mais un peu agréable. Cependant, ce n'est point par des entrechats que ma satisfaction saurait se traduire...

— De quelle manière, alors?

— Vous me le demandez?

— Tout naïvement.

— Eh bien, le voici. Je vais déplier et étendre ma splendide descente...

— Bon!

— Et, au lieu d'y sauter et d'y danser, je m'y mettrai à genoux...

— Puis?

— Puis, en guise de remercîment de vos bontés, j'y prierai Dieu pour vous... C'est tout.

. . . .

La séance est, en effet, terminée.

M. Giraud reprend sa descente si respectée, la roule et la met soigneusement sous son bras, à côté de ses livres, qu'il a voulu avoir, mais dont il a eu la coquetterie de ne se servir qu'une fois; puis se dispose à rentrer dans sa chambre.

On se dit réciproquement et affectueusement bonsoir, en se faisant part de la satisfaction générale, et en prenant jour pour continuer les conférences.

Dès que la deuxième aura eu lieu, nous vous en dresserons, comme de celle-ci, le procès-verbal aussi pittoresque et intéressant que possible...

M. Giraud se propose de vous offrir là une petite encyclopédie spéciale.

III

LA BRODERIE

SOMMAIRE

M. Giraud accusé de coquetterie. — Il s'en défend. — Origine ancienne et peu connue de la Broderie. — Moïse, les Phrygiens.
— Les Livres saints. — L'*Exode*. Instructions pour le Tabernacle, etc. — L'*Iliade*. (Les femmes de Sidon. Hélène. Andromaque.) — Les Babyloniens. — Ingeborg. — Gudruna. — Ouvrages de *plumes en broderie*. Commentaire de Goguet. — Plumeté, plumetis. — Broderies contemporaines. Nomenclature. —
Ancienneté de la broderie au métier. — Le moyen âge. — Chape de
Paolo de Vérone. — La chanson des habits de Charles d'Orléans.
— La broderie de la comtesse Ghisla. — Jeanne d'Albret au prêche.
— Diplomatie du prédicateur. — Tentative de Lucie. — Le professeur ne se laisse pas attendrir.

III

LA BRODERIE

Nous sommes au soir de la deuxième conférence.

Fidèle à la consigne qu'il s'est donnée lui-même, M. Giraud arrive à l'heure... pas encore sonnée.

Son public est là, aussi sympathique, aussi nombreux, aussi impatient que la première fois.

Lucie et Jeanne l'aperçoivent de loin :

— Ah! ah! s'écrient-elles, voilà notre cher professeur qui fait encore de la coquetterie !

— Moi, Mesdemoiselles ! de la coquetterie !... Et comment cela, grand Dieu ?

— Oui, tous ces livres que d'autres consulteraient, et dont, par suite de votre mémoire, vous ne vous servirez pas...

— Dont je me servirai, au contraire. Aujourd'hui, ce ne sera point comme le soir de la Tapisserie.

— Ah ! que sera-ce donc ?

— Ce sera une causerie à belles citations. Je n'ai pas appris tous mes textes par cœur ; j'aurai besoin de mes livres, et vous ne sourirez pas... je ne les remporterai point sans les avoir ouverts.

— Sur quoi allez-vous causer... et lire, ce soir ?

— Sur un sujet qui fait, pour ainsi dire, suite à notre premier...

— Et que vous nommez ?...

— La *Broderie*.

— En effet, cela se tient.

— Certainement ; la broderie c'est comme qui dirait la tapisserie en petit.

—Vous êtes intelligentes, Mesdemoiselles, et vous dites juste. C'est pourquoi j'éprouve tant de plaisir à vous communiquer le fruit de mes recherches sur vos travaux bien-aimés.

— A quel temps allez-vous, cher monsieur Giraud, faire remonter l'art de broder les étoffes ?

— Cet art brillant, que vous continuez si bien, n'a pas une origine moins ancienne... ni moins inconnue que celle de la tapisserie.

—Vraiment ?

— Sur ses débuts, on en est également réduit aux conjectures. Nous aurons beau remonter et arriver, de siècle en siècle, jusqu'à celui de Moïse, nous verrons la chose établie : sous le législateur des Hébreux, les étoffes, riches par elles-mêmes, avaient déjà reçu une grande magnificence d'ornementation.

— Il est clair alors que la broderie est d'une antiquité bien plus haute.

— Généralement les érudits en attribuent l'invention aux Phrygiens. Ce peuple était très-adonné au commerce et à la navigation. Il a bien pu, pour les besoins de ses relations nombreuses, comme aussi pour son propre plaisir, imaginer ou peut-être seulement perfectionner ce genre de travail, qui, en tout cas, ne fut pas le moins lucratif de ses produits.

— Quelle est la première autorité que vous pouvez invoquer?

— L'*Exode*. Ouvrez ce livre, et, dans les instructions du Seigneur à Moïse, vous y lirez :

« Or, tu feras ainsi le tabernacle : dix draperies de fin lin, d'hyacinthe, de pourpre et d'écarlate teinte deux fois, *parsemées de chérubins*, d'un ouvrage excellent et varié, *fait au métier.* »

Continuez la lecture, et en divers autres endroits vous trouverez encore :

« Tu feras aussi un voile d'hyacinthe, de pourpre, d'écarlate teinte deux fois et de fin lin retors, d'un *ouvrage en broderie*, tissu avec une grande variété...

« Et tu feras aussi une tunique étroite de fin lin;

et une tiare aussi de fin lin, et la ceinture sera d'un *ouvrage en broderie...*

« Et à l'entrée du parvis, ce sera une tente de vingt coudées, faite d'un voile d'hyacinthe... de fin lin retors, *orné de broderie...*

« Il fit l'éphod d'or, d'hyacinthe... et de fin lin retors, tissu de diverses couleurs. »

Ces passages montrent clairement l'importance attachée dès lors à la broderie, et ils ne sont pas les seuls contenant de pareilles certitudes sur votre gracieux travail.

— Voilà qui est très-curieux, et qui donne à la broderie un très-beau rôle.

— Je ne veux point vous accabler sous les citations. Je ne les multiplierai pas. Après les Livres saints, nous allons nous contenter de feuilleter Homère, cet autre père de la poésie; nous aurons ainsi les deux grandes autorités : l'autorité sacrée et l'autorité profane.

— Des Hébreux, nous voilà donc, cher monsieur Giraud, transportés chez les Grecs?

— Ces enjambées sont faciles... à l'aide de mes documents. Vous voyez que j'en use. Parcourons l'*Iliade*. Nous y constaterons d'abord le travail des femmes de Sidon.

— Ce travail était renommé, je crois?

— Pour en être certaines, écoutez (je me sers de

la traduction de Bignan, bon helléniste et assez sou
ple versificateur) :

> Des Troyennes alors Hécube sans délais
> Fait rassembler l'élite et court dans son palais
> A la chambre embaumée, où les coffres antiques
> Renferment ces tissus, ouvrages magnifiques
> Des femmes de Sidon............................
> Parmi tant de trésors, un voile radieux,
> Qu'embellit le travail d'un art ingénieux,
> Par sa pourpre brillante et sa large étendue,
> Tel qu'un astre superbe éblouissait la vue...

— C'est beau, j'espère !

— Voulez-vous être initiées maintenant, Mesdames, aux occupations d'Hélène à Troie ? Écoutez
encore :

> Seule, dans les réduits de son appartement,
> Occupant ses loisirs, Hélène en ce moment
> Brode un voile de pourpre, et son active aiguille
> Sur le tissu flottant où son adresse brille
> Dessine les combats dont, à deux camps rivaux,
> Le dieu Mars pour sa cause imposa les travaux.

— Et si vous désiriez surprendre Andromaque ?
Je puis vous la montrer travaillant, au moment où
elle apprit la terrible nouvelle de la mort d'Hector.
Écoutez de nouveau :

> .... Andromaque, tranquille,
> Ne savait pas qu'Hector restait hors de la ville,
> Et dans son haut palais sa main en ce moment
> Façonnait le tissu d'un ample vêtement
> Où, sur la riche pourpre ensemble mariées,
> Mille couleurs offraient mille fleurs variées.

— C'est concluant.

— Il n'y a pas le moindre doute à concevoir sur l'ancienneté de ce travail.

— Ni sur la richesse de son exécution.

— De tout temps, Mesdemoiselles, les doigts féminins ont fait preuve d'habileté.

— Et où allons-nous, après cette époque ?

— Si nous cherchons une autre phase célèbre de votre industrie, nous la trouvons chez les Babyloniens. Tout concourt à prouver qu'ils ont excellé dans cet art séduisant. Les habitantes des grandes cités d'autrefois ne le cédaient ni en adresse ni en agilité aux femmes des grandes cités d'aujourd'hui.

— Certes, et sans avoir vu leurs travaux, je voudrais pouvoir broder comme Hélène et comme Andromaque.

— Oh ! mademoiselle Lucie, j'ai là un portefeuille que vous m'avez brodé pour ma fête... Je défie bien les Grecques et les Babyloniennes d'en faire un pareil.

— A cette heure, je le crois. Les pauvres femmes ! elles sont loin !...

— Comme bien d'autres. Loin aussi sont les femmes du Nord, qui ont rempli quelques-unes de leurs longues heures en brodant. Ecoutez la tendre Ingeborg, au moment du départ de Frithiof. Dans une traduction de M. Léouzon-Leduc, elle s'adresse ainsi au faucon qu'il a laissé :

. . . .
Viens, je veux te nourrir, te nourrir pour ton maître :
   Chasseur ailé, viens, ne crains rien.
Vois-tu, voici ma main, repose-toi sur elle :
   Sur ce tissu, riche trésor,
Je veux broder tes traits, je veux broder ton aile,
   Je veux broder ta griffe d'or.

— A la bonne heure ! Voilà une brodeuse qui mériterait d'être notre patronne.

— Je n'ai pas fini. Ecoutez le voyageur Victor de Bonstetten : « L'art de broder était connu en Islande. En voici une preuve. Gudruna, après l'assassinat de son mari, alla se réfugier en Danemark, où elle trouva un doux asile auprès de la belle Thora. « Nous cherchions, dit Thora dans une chanson, à « adoucir nos peines par le travail. Nous nous plai- « sions à peindre avec nos aiguilles les rois et la « gloire des héros. On voyait sortir de la toile les « boucliers de pourpre, les guerriers, l'épée à la « main ; on voyait flotter leurs cimiers élevés, et « l'on reconnaissait les rois à leur suite brillante. « Dans le lointain, on apercevait les vaisseaux de « Sigurd, et la bataille, etc... »

— C'est très-bien à Gudruna !

— De même qu'à Ingeborg !

— Sans conteste, ce sont là de belles et bonnes aïeules des brodeuses. Mais reprenons notre fil. Nombre d'auteurs, comme vous venez de le voir, se sont plu à fouiller ces époques reculées, et à éclairer différents points touchant notre sujet. Parmi ceux-là, un des plus compétents a accompagné d'un petit commentaire une expression de Moïse...

— L'avez-vous dans un de vos livres ?

— Oui, Mesdames.

— Eh bien, cher monsieur Giraud, ayez l'obligeance de nous le lire. Nous écoutons.

— Volontiers, d'autant plus que le tout est court et intéressant. Voici ce que dit Goguet, l'érudit en question :

« Moïse parle d'ouvrages en broderies, tissus de différentes couleurs avec une *agréable variété*. L'expression d'*agréable variété*, dont il se sert pour caractériser ces sortes d'étoffes, invite à penser que les couleurs n'en étaient point tranchées, et qu'on y avait observé la dégradation. Mais ce qui achève de confirmer ce sentiment, c'est la force du terme hébreu (*Rakamah*), employé à désigner les tissus brodés. A la lettre, ce mot veut dire des ouvrages de *plumes en broderie*. Il ne paraît pas cependant que les Hébreux fissent usage alors des plumes d'oiseau. Il n'en est point parlé dans l'énumération que Moïse fait des matières employées à l'ornement du Tabernacle et aux habits du grand prêtre. Le rapport entre les plumes des oiseaux et l'effet des broderies, exprimé par le terme du texte original, me paraît donc indiquer une imitation de la manière dont les couleurs sont dégradées dans le plumage des oiseaux, et, par conséquent, des étoffes nuancées. »

— Eh! oui, c'est intéressant. J'avais envie de vous arrêter aux mots : *plumes en broderies...*

— Pour m'adresser une question?

— Oui, pour vous demander s'il n'y aurait pas là quelque rapport avec ce que nous désignons sous le nom de *plumetis?*

— Que, par parenthèse, on a appelé dans l'origine *plumeté.* Je serais disposé à le croire. Goguet n'a pas l'air de s'en être douté. Je me demande même si ce consciencieux chercheur a compris nettement ce qu'il a voulu nous expliquer?

— Cela arrive donc quelquefois que les savants ne se comprennent pas très-bien?

— Chut! chut !... Pas de questions indiscrètes ! Je crois que Goguet s'est un peu embrouillé... Il n'en a pas moins de mérite... Mais ne faisons pas comme lui.

— Y en a-t-il le danger? Tout cela est bien simple : *plumes à broderies, plumetis;* ça va tout seul.

— Précisément c'est ce qui vous tromperait. Il ne peut y avoir là aucune étymologie possible, la ressemblance des mots étant toute fortuite et illusoire ; mais ce qui peut s'y trouver, c'est une certaine analogie dans la forme des points et la physionomie du travail.

— Avec le plumetis (ou plumeté) nous voilà, d'un bond, arrivées aux broderies modernes.

— Dont il vous sera intéressant, n'est-ce pas, d'apprendre un peu la nomenclature ?

— Sans aucun doute.

— Je passe sous silence la distinction connue de broderie *en mousseline* et de broderie *au métier*, ainsi que les deux noms de *piqué* et de *coulé* donnés aux deux points de la première. Je ne ferai que vous signaler les deux sortes de broderie des Orientaux, l'une au tamis, l'autre à points recouverts, et j'arrive aux différentes nôtres.

— Qui sont ?

— Qui *étaient*, vous voulez dire ; car, dans mon vocabulaire, modernes ne veut pas dire tout à fait comtemporaines.

— Soit. Alors qui étaient ?

— La broderie *emboutie*, plus élevée que la broderie ordinaire, et formant relief ; — la broderie *appliquée*, faite sur de la grosse toile, que l'on découpe ensuite pour l'appliquer sur les étoffes ; — la broderie *en couchure*, faite avec de l'or et de l'argent couchés sur le dessin, et cousus avec de la soie de la même couleur ; — la broderie *en guipure*, (autre que celle qu'on appelle *quipure* aujour-d'hui), qui s'obtient en découpant le dessin dans du vélin, sur lequel on coud ensuite l'or et l'argent avec de la soie; — la broderie *passée* ou *à deux en-droits*, faite sur des étoffes légères et qui paraît des deux côtés; — enfin la broderie *plate*, dont les fi-gures sont plates et parfois garnies de frisures, pail-lettes et autres ornements.

— Monsieur Giraud, vous nous donnez là des renseignements précieux.

— A propos des deux premières, je dois vous faire remarquer que « la broderie en mousseline n'est pas, à beaucoup près, aussi ancienne que la broderie au métier, » cette dernière étant citée par Moïse. Mais, avant de nous arrêter définitivement sur le terrain d'aujourd'hui, permettez-moi, afin de ne pas laisser trop de lacunes dans mon coup d'œil sur la Broderie, de vous signaler l'époque du moyen âge comme relativement une des plus pro-ductives en ce genre de travail.

— Le moyen âge, avec ses guerres et ses secous-ses continuelles?

— Oui. La piété et l'ardeur guerrière d'alors firent exécuter des nombres considérables d'orne-ments d'église, d'écharpes de chevaliers et de dra-peaux de combat. Pour en avoir une idée, écoutez d'abord Vasari, l'auteur célèbre de la *Vie des peintres italiens.* Il parle d'une chape, d'une chasuble, et de deux dalmatiques de brocart, brodées par Paolo de Vérone, sur les dessins d'Antonio del Pollacuolo : « Le brodeur, dit-il, rendit les figures avec l'aiguille, aussi bien qu'Antonio aurait pu le faire avec le pinceau. On ne sait ce qu'on doit le le plus admirer du beau dessin de l'un ou de l'étonnante patience de l'autre. Cet ouvrage demanda vingt-six années de travail; il représentait la vie de saint Jean-Baptiste. »

— C'est ravissant !

— Le même auteur parle encore de « la sœur du célèbre Parri Spinelli, brodeuse excellente, pour laquelle son frère avait fait une suite de vingt dessins sur la vie de saint Donato. »

— Ces artistes-là sont nos maîtresses.

— Je ne vous mentionne que *pour mémoire* certains habits de Charles d'Orléans, sur les manches desquels une chanson, paroles et musique (*Madame, je suis plus joyeux*), était brodée, à l'aide de 568 perles fines, et pour clore cette liste, j'arrive à vous donner un conseil de *cicerone.*

— Lequel, dites ?

— La première fois que vous irez à Paris, visitez le musée de Cluny. Vous y admirerez les plus beaux échantillons de l'industrie de cette époque, ne fût-ce que la « pièce de broderie sur lin, en soies de couleur, exécutée au onzième siècle par la comtesse Ghisla, femme de Guifred, comte de Cerdagne, pour l'abbaye de Saint-Martin du Canigou, fondée par ce prince. »

— A notre premier séjour à Paris, nous ne manquerons pas de faire cette visite.

— Elle vous intéressera vivement, après les modestes mots que je viens de vous dire sur la broderie, dont votre habileté a fait une des choses les plus délicieuses que l'on puisse voir.

— Je pense bien, monsieur Giraud, que vous dites cela en général pour les excellentes brodeuses; mais pour nous, nous sommes loin de mériter tous ces éloges.

— Bon! chères Demoiselles! Depuis le coton jusqu'aux fils d'argent et d'or, vous savez tout employer pour consteller des gazes aériennes et impalpables. Souvent vous rivalisez avec le crayon ou le pinceau délicat du peintre... Allez, c'est bien beau ce que vous touchez de votre aiguille... J'en appelle toujours à mon magnifique portefeuille, où il y a une touffe d'herbes...

— Et pas de serpent dessous. Quand il sera usé, vous savez, monsieur Giraud, nous en ébaucherons un autre.

— Voilà!... un homme encore comblé!... Pour peu que ça dure... Aussi, ne voulant pas que mes phrases aillent s'embrouiller dans vos écheveaux, redoutant surtout de laisser tomber les lourdeurs de l'érudition sur la légèreté immaculée de vos fines trames, je prie vos doigts de rester prêts à courir, prêts à semer sur vos tissus : chiffres, blasons, oiseaux, feuillages et fleurs...

— Vous croyez peut-être nous récompenser par votre silence?

— Non, chères enfants; mais raisonnablement il faut que tout prenne fin.

— C'est donc fini, monsieur Giraud?

— A peu près. J'avais bien réservé pour la clôture une petite anecdote...

— Ayant trait à la Broderie?

— Parfaitement.

— Nous vous la demandons avec instances.

— Je l'ai choisie pour vous montrer que votre travail de broderie a été, dans le temps, l'objet d'un singulier privilége. La vaillante et austère Jeanne d'Albret s'adonnait avec un grand plaisir et un certain succès à cette occupation toute féminine. Son prédicateur de prédilection avait remarqué que, lorsqu'elle venait pour l'entendre, elle se laissait parfois aller au sommeil. Il connaissait le goût de cette femme supérieure pour vos chers travaux. Ce ministre habile lui permit donc, toutes les fois qu'elle se rendrait aux prêches, « de travailler en broderie et en tapisserie, pour l'empêcher de dormir. »

— Ce n'était pas maladroit.

— Non, certes.

— C'est de la diplomatie.

— Qui prouve qu'en sachant s'y prendre, on arrive toujours à ses fins.

— Céder à propos, c'est souvent conquérir. Du terrain qu'on a l'air d'abandonner, on se fait une possession puissante...

— Je n'en veux, pour exemple, que votre prédicateur, qui ne perdait rien à sa concession.

— Il y gagnait, au contraire, tout ce qu'il voulait y gagner : au milieu de cette occupation qui la tenait éveillée, Jeanne d'Albret, servie d'ailleurs par une merveilleuse mémoire, prêtait aux paroles du prédicateur une attention telle que, au sortir du prêche, elle était à même « de rapporter mot à mot le discours qu'elle venait d'entendre. »

— A la bonne heure ! Voilà de la broderie qui n'était pas du temps perdu !

— Non, chères Dames. Maintenant, sans m'appesantir davantage sur ce travail, qui absorbe l'existence entière de tant de jeunes filles; qui est le gagne-pain des moins fortunées, et l'occupation choyée des plus opulentes; sans ouvrir l'horizon à votre rêverie sur ces trames délicates, dont la confection a dû être témoin de tant d'émotions diverses, je ferme le robinet de ma parole... jusqu'à la conférence prochaine, — à laquelle je vais me préparer.

— Immédiatement, au lieu de dormir?

— Oh! non; mais demain matin.

Lucie regarde le professeur d'un air tout particulier :

— Monsieur Giraud, lui dit-elle, j'aurais grande envie... de vous *céder* quelque chose.

— Comme le prédicateur, pour exercer ensuite une pression sur moi?

— Pour vous demander simplement le sujet de la conférence prochaine.

— Je n'en sais rien moi-même. Je ne suis plus, chère Demoiselle, un professeur officiel;... je ne me fais pas ma leçon à l'avance.

— Alors, rapprochez la soirée.

— Pour cela, quand vous voudrez.

IV

L'ART DE FILER

SOMMAIRE

Le petit paquet mystérieux. — Éloquence muette de M. Giraud. Son
exorde. — Il déplie le petit paquet. — Premiers éléments des
vêtements. — Les peaux succèdent aux herbages. — Avec quoi les
réunir ? — Arêtes, nerfs d'animaux. — Les patriarches. — On
arrive au fil. — La quenouille, le fuseau. — Toujours les nuages.
— Les cinq femmes qui ont découvert le fil. — Lin, chanvre,
coton. — Différentes sortes de fil. — Du fil à l'étoffe. — Les auxiliaires du lin. — Verre filé. — Le rouet remplace le fuseau. —
Les machines. — La *Chanson du Lin*. — M. Giraud replie son
petit paquet, et termine.

IV

L'ART DE FILER

La salle ordinaire des conférences est prête. L'auditoire habituel en garnit tous les siéges...

M. Giraud entre.

Il apporte avec lui : d'abord quelques volumes, comme d'habitude, — car, qu'il ait ou non besoin de les consulter, il aime à les avoir; ensuite un petit paquet, assez mystérieusement enveloppé et qu'il dépose avec soin sur la table.

Ce petit paquet intrigue, et on le regarde avec curiosité.

Le bon professeur salue, puis s'assied :

— Je suis sûr, dit-il, par la direction des regards que je viens de surprendre, que l'on s'interroge au sujet de mon petit paquet : — « Qu'est-il? — Que contient-il? — Qu'est-ce que M. Giraud nous apporte là-dedans?... » N'est-ce pas, chères Demoiselles?

— Précisément, répond Jeanne. Des livres, je comprends cela; mais ce petit paquet, il a vraiment l'air tout drôle... pour figurer dans une conférence.

— Eh bien, patientez, reprend M. Giraud. Dans un instant il va s'ouvrir devant vous et vous dévoiler ses mystères.

— C'est donc sur ce qu'il contient que vous allez faire votre cours aujourd'hui?

— C'est par là que je vais commencer.

— Voyons. Nous attendons.

— Quel sujet traitez-vous?

— Nous y voici.

Et, au lieu de parler, M. Giraud débute, cette fois, par un coup d'œil presque investigateur, lentement et minutieusement promené sur chacune de ses auditrices.

Cette entrée en matière les étonne; mais elles pressentent qu'elles vont bientôt avoir le mot de l'énigme.

En effet :

— Chères Dames, dit enfin l'orateur, vous toutes qui portez des robes de velours, de satin et de soie; vous qui les ornez — et beaucoup! — de nœuds, de rubans et de dentelles; vous surtout qui faites resplendir la blancheur d'un si beau linge : avez-vous jamais songé aux vêtements impossibles dont devaient se contenter les hommes et les femmes des premiers âges ?

— Ma foi non, cher professeur ; nous n'avons pas encore essayé ce voyage très-rétrospectif.

— Je m'en suis douté. Eh bien, regardez.

En prononçant ces derniers mots, M. Giraud s'était mis en devoir d'ouvrir son paquet.

Il déplie tout à fait la feuille de papier qui lui servait d'enveloppe, et en tire successivement :

Des plumes,

Des feuilles, des herbes,

Des joncs entrelacés,

Et des écorces d'arbres à peine travaillées.

— Voyez, continue-t-il.

— Comment ! c'est là…?

— Oui, c'est là ce qui composait le plus que modeste ensemble de leur ajustement. Il y a loin, n'est-ce pas, de leur toilette à la vôtre ?

— Ces nations primitives, dit Lucie, n'avaient pas grande coquetterie.

— Elles en ignoraient, ajoute Jeanne, jusqu'aux premiers éléments.

— Eh ! où était le mal ? reprend en riant la mère.

— Ces bonnes gens, monsieur Giraud, s'habillèrent-ils longtemps de la sorte ?

— Tout devant suivre, et dès l'origine, la loi du perfectionnement, les peaux d'animaux, brutes d'abord, puis grossièrement mises en œuvre, ne tardèrent pas à succéder à ces différents objets.

— C'était déjà un progrès...

— Mais, certes, peu marqué. Les peaux ne s'appliquent ni commodément ni exactement sur le corps, et d'ailleurs durcissent et se retirent.

— En les graissant, n'a-t-on pu?...

— Même en admettant qu'à l'aide de graisse on fût parvenu à les assouplir, restait toujours leur première incommodité... celle d'être tout d'une pièce.

— Ne pouvait-on faire disparaître cet inconvénient en réunissant plusieurs peaux ou fragments de peaux ?

— Très-bien ! Cela leur eût donné une certaine forme... Mais avec quoi les réunir ?

— Ah !... c'est vrai.

— Vous, si adroites et si bien outillées, Mesdames, vous n'étiez pas là pour leur prêter vos aiguilles et votre fil.

— Quelle difficulté, grand Dieu !... mais c'est insurmontable. Comment a-t-on fait, j'y songe, pour en venir seulement à commencer ?

— D'une part, des arêtes, recourbées ou trouées, tinrent lieu d'aiguilles ; des boyaux de poissons, des nerfs d'animaux, taillés très-minces et séchés, furent, d'autre part, les premières ligatures qui tinrent lieu de fil.

— Et l'on cousait avec cela?... J'aime mieux coudre avec les ustensiles que j'ai dans mon nécessaire.

— Suivez ces lointaines expériences. Peu à peu, de la peau on sépara la partie velue, et de cette dernière on fit des espèces de feutre, dont il paraît que les anciens se sont beaucoup servis : « Les patriarches et les peuples de la Mésopotamie et de la Palestine avaient grand soin de faire tondre leurs brebis. »

— Mais pour arriver au fil?

— Du moment que les peaux furent tondues, c'est-à-dire qu'on en eut isolé les duvets et la laine, le fil était, pour ainsi dire, découvert. Un beau jour, en foulant une tonte avec un rouleau de bois aminci des deux bouts, une habile travailleuse vit des brins s'y entortiller en se réunissant, et former un lien continu et beaucoup plus long que chaque brin séparé.

— Ah! l'ingénieux hasard!

— Certes. L'œil qui venait de voir et de remarquer cela avait trouvé une grande chose. De cette observation il sortit : la quenouille, le fuseau... et le fil.

— A quelle lointaine antiquité remonte cette invention?

— J'espère que voilà un appel direct au savoir de votre professeur. Mais, sur ce point, nous ne pouvons guère être plus savants que les anciens peuples eux-mêmes.

— Ils sont souvent pris en flagrant délit d'ignorance, vos peuples anciens.

— Quand on remonte si loin, Mesdemoiselles, il est bien difficile de ne pas rencontrer quelques nuages.

— Sait-on, au moins, à qui cette belle découverte est due?

— Selon les Égyptiens, à Isis;

Selon les Chinois, à l'Impératrice (femme de Yao);

Selon les Lydiens, à Arachné;

Selon les Grecs, à Minerve;

Selon les Péruviens, à Mama-Œlla (femme de Manco-Capac).

En voilà *cinq* à qui les traditions veulent que l'humanité soit redevable de l'art de faire le fil.

— Vos indications traditionnelles nous donnent l'embarras du choix...

— Mais vous pouvez, Mesdames, remarquer, avec un certain orgueil, de quelle manière chaque peuple s'accorde...

— Pour?

— Pour faire honneur de cette louable initiative à une femme.

— Bravo! J'aime cette remarque.

— Il n'y a, vraiment, que la dextérité des mains féminines pour cette trouvaille, ses phases et ses développements.

— Avec quelle rapidité ses phases se succédèrent-elles?

— Bientôt on ne se contenta plus du produit de la tonte pour fabriquer du fil; on cultiva des végétaux, dont une certaine partie de l'enveloppe pouvait aussi se filer, et le lin, le chanvre, le coton se tinrent au premier rang dans cette spécialité.

— Belle enjambée, qui nous amène jusqu'à notre époque!

— Ou à peu près. Car, dans le XVIIe siècle et dans le siècle dernier, diverses localités avaient conquis une réputation pour les bons fils dont elles alimentaient le commerce.

— Pourriez-vous, comme vous l'avez fait récemment pour la broderie, nous donner quelques-uns des noms des différents fils?

— Très-volontiers. Les grandes dénominations étaient celles de : *fils* de France, de Lille, de Malines, d'Anvers et de Hollande.

— Vous dites : fils de *France*, et fils de *Lille?* Mais Lille est en France, je crois.

— Maintenant, oui. Mais avant 1649, non.

— Ah! c'est jusque là-que vous nous reportez avec votre nomenclature?

— Précisément. Chacune de ces sortes de fil avait, bien entendu, des divisions et des subdivisions; mais je me priverai de vous en réciter la longue litanie. Les détails doivent avoir des bornes.

— D'accord. Cela prouve cependant que nous sommes riches en ce genre d'industrie?

— Eh! oui. Joints à la laine, que vous avez déjà vue, et à la soie, — qui fera le sujet spécial d'une leçon, — le coton, le chanvre et le lin pourvoient aux besoins nombreux des générations. Nous ne vous dirons rien du degré auquel cet art a été porté de nos jours; ce n'est point à vous, dont les doigts féeriques exécutent les plus délicats des travaux à l'aiguille, qu'il est besoin de faire remarquer la beauté, la ténuité, la solidité des différentes sortes de fils nécessaires aux mille détails de vos ravissantes exécutions.

— Le fil a dû bien aider à l'idée de l'étoffe?

— Le fil amena forcément le tissage, — découverte des plus importantes et aussi sujet obligé d'une de nos prochaines études.

— N'a-t-on pas mis à contribution d'autres corps, pour en obtenir du fil ?

— C'est quelque chose de si merveilleusement utile que ce long, long fil, qui, non-seulement sert à confectionner des étoffes, mais encore rapproche, unit de la façon la plus durable les diverses étoffes entre elles, que de récentes industries ont demandé à plusieurs arbres et arbrisseaux des fils bons pour des toiles ou des cordes.

— Vraiment ?

— Les principales de ces plantes, devenues ainsi les auxiliaires du lin, sont : l'aloès, l'écorce de genêt, le houblon, l'ortie, etc.

— Cela se borne-t-il là ?

— Il n'est pas jusqu'aux métaux, jusqu'au verre même (une robe en verre filé figurait à l'Exposition de 1855), qui n'aient été essayés et ne fournissent leur contingent à ces incroyables transformations. Mais un coup d'œil sur ces fils métalliques serait tout à fait en dehors de notre cadre ; et, quoique vous vous serviez parfois de laiton ou de fils d'or ou d'argent, vous ne cousez pas avec du fil de fer. Aussi nous ne nous arrêterons pas à ces produits, qui ne sont point dans notre programme et n'ont qu'un rapport indirect avec votre ingénieux travail.

— Le fuseau est bien dépassé aujourd'hui ?

— Le fuseau a été remplacé par le rouet, inventé

en 1530 par un bourgeois de Brunswick, nommé Jurgen, et le rouet à son tour, malgré la double pédale qu'on y adapta en 1777, ce qui permettait « de filer des deux mains à la fois, » a été laissé bien loin...

— Par les bienfaisantes machines?

— Oui, Mesdames; aujourd'hui ce ne sont plus guère vos mains qui forment le fil : les machines toute-puissantes sont venues. Depuis la première, de James Hargrawes, simple charpentier (1767), jusqu'à la *mull-Jenny* du barbier Richard Arkwright (1769) et de Samuel Crompton (1775), en n'oubliant pas Highs, le faiseur de peignes, ni le tisserand Kay, en n'oubliant pas surtout notre Richard Lenoir, ni notre Philippe de Girard, qui fondait à Paris, en 1813, une filature de lin à la mécanique; depuis toutes ces découvertes, les machines vous ont allégées du plus pénible de cette besogne; mais, de temps en temps, nous voyons encore une fille de ferme, une bergère ou une respectable aïeule, au prix de quelques sous par journée de 15 heures, tourner le fuseau, — et il nous suffit de ces traces dernières pour conserver la tradition, et nous rappeler que c'est à la sollicitude et à l'habileté de la femme que nous devons l'art précieux que M. N. Martin célèbre si bien dans sa *Chanson du Lin.*

— Est-ce que vous la savez, cette chanson?

— J'en ai retenu au moins quelques strophes.

— Dites-les-nous, monsieur Giraud.

— Cela fera bien, une chanson dans une conférence.

— L'auteur a donné le titre de chanson à sa pièce ; mais sa pièce n'est pas, à proprement dire, une chanson. C'est pourquoi je me suis servi du mot *strophes*, au lieu du mot *couplets*, qui ne serait point juste. Voici l'entrée en matière du petit poëme :

> Je chante le lin qu'on bénit
> Dans les vallons et les montagnes ;
> Le lin nourricier qui fournit
> Le travail aux pauvres campagnes ;
>
> Le lin qui protége les mœurs,
> En rassemblant au seuil tranquille
> Les parents, les fils et les sœurs
> Autour de l'aïeule qui file...

— Ah ! mais c'est joli, cela ! Vous n'en savez pas davantage ?

— Non, Mesdames.

— Vous avez pourtant bonne mémoire.

— Il me la faudrait meilleure encore pour pouvoir vous réciter tous les poëtes. Si vous y tenez, un jour je vous lirai cette poésie, que vous trouverez certainement très-élevée et très-morale.

— Monsieur Giraud, dit Lucie en câlinant, vous avez bien des volumes ici. Cherchez un peu à travers.

Peut-être y trouverez-vous le recueil de M. Martin, et alors...

— Et alors je vous lirai la pièce en entier aujourd'hui, n'est-ce pas?

— Vous nous devinez toujours.

— Ecoutez-la donc. Je la gardais pour une autre séance; mais je vous dénicherai facilement autre chose. Voici la suite :

Sous les doigts prompts du tisserand
La trame se remplit sans trêve :
Lundi la toile s'entreprend,
Samedi soir elle s'achève.

Puis c'est le tour du blanchisseur :
Le lin tissé, dans les prairies,
S'étend sur la molle épaisseur
Des herbes hautes et fleuries.

Aux baisers de l'air, du soleil,
Le lin, qu'à flots clairs l'onde assiége,
S'embellit d'un éclat pareil
Aux vierges flocons de la neige,

— Et le prodige est accompli!
Maintenant taillez dans la toile.
Comme une aile, au mât assoupli,
Qu'elle palpite, blanche voile !

Qu'elle brille au banquet royal
Sous le vermeil qui la décore !
Sous le chaume, au repas frugal,
Qu'elle brille bien plus encore !

Honneur plus grand ! Si le soldat,
Frappé d'une balle trop sûre,
S'arrache sanglant du combat,
Qu'on l'effile sur sa blessure.

Linge usé, lambeau sans valeur,
Il défie encor la risée ;
Car, transformé par le fouleur,
Il porte en tous lieux la pensée.

— Ah ! mille fois merci ! Vous voyez, cher monsieur Giraud, que la pièce entière n'a rien gâté à notre soirée.

— Elle est charmante, cette *Chanson du Lin...*

— Je l'apprendrais par cœur, si vous me prêtiez votre livre.

— Je ne vous dis pas : Il est à votre service, chère Demoiselle ; je vous dis : Le voilà.

— Merci, monsieur Giraud.

— Demain, moi, je vous la réciterai à déjeuner. J'aime à enrichir ma mémoire.

— Et, ajoute le professeur, je vous en ferai connaître d'autres, si vous en désirez.

— Tant mieux ! tant mieux !

— J'en voudrais de telle sorte que nos soirées pussent tourner au cours de littérature.

— Le jour où on le demanderait à M. Giraud, je suis sûre qu'il voudrait bien.

— Pour aujourd'hui, la leçon s'avance. Ma citation

a suffi pour que vous vous reportiez à ces époques reculées, et je replie mon petit paquet de friperies ou de confections primitives.

— Nous vous avons suivi avec un vrai plaisir.

—- Votre professeur, touché, s'incline en vous remerciant. A cette heure, tout en vous adressant ses félicitations sur les bobines si abondamment et si diversement garnies que vous avez dans vos tables à ouvrage, il vous prie de songer quelquefois aux longues tentatives qu'ont dû faire, aux dures peines qu'ont dû supporter les premières chercheuses de l'art de filer.

— Nous y penserons plus d'une fois, en vous remerciant de nous avoir intéressées à elles.

V

LA DENTELLE

SOMMAIRE

M. Giraud n'est pas là ! — Il arrive. — Pourquoi son retard. — Il
expose l'ampleur de son sujet. — La Dentelle à trois points de
vue. — Memento des beaux jours. — Origine. Constance et Farstrade. — *Filet* des Égyptiens. — La Dentelle est moderne. — Deux
ouvrages sur la Dentelle. — Martin Vos la symbolise. — Flandre,
Espagne, Italie, France. — François Ier. — *Bisette, gueuse.* —
Guipure. — Cour de Louis XIII. — Le *Code Michaud.* — Point
d'Angleterre. — Manufacture des points de France. — Sédition. —
Barbes pleines. — Etymologie. — Principales sortes de dentelles.
— Dentelles comtemporaines : *Point de Bruxelles, Malines, Valenciennes, Lille, point d'Alençon.* — Saint François Régis. —
Intervention féminine (quatre femmes dans l'histoire de la Den-
telle). — Vœu du vieux professeur. — Il finit avec sa même modestie.

V

LA DENTELLE

Aujourd'hui un fait anormal se produit dans la salle ordinaire de nos petites conférences.

Tout le groupe habituel y est déjà rassemblé, et M. Giraud, lui, l'homme ponctuel par excellence, n'y est point encore.

C'est quelque chose de très-rare qu'un retard de M. Giraud... Pourvu que ce ne soit pas très-grave !

Le bienveillant auditoire ne s'impatiente pas ; il s'inquiète :

— C'est étonnant, dit-on.

— Que lui sera-t-il arrivé ?

— Oh ! il va venir.

En effet, l'on n'avait pas terminé ces premières interrogations, qu'on entend un bruit de porte,... et que le professeur entre.

— Bravo! bravo! s'écrient les premières Lucie et Jeanne; bravo, cher causeur! Nous commencions à éprouver des craintes...

— Et nous allions aller vous relancer dans votre chambre.

— Vous m'y auriez vu terminant une lettre à ma sœur, puis cachetant le paquet dans lequel je lui envoie la ravissante dentelle que vous m'avez remise pour elle. C'est que c'est long à façonner, tout cela.

— L'aura-t-elle bientôt?

— Antoine portera demain le petit colis à la gare, et ma sœur pourra le recevoir après-demain. De la sorte, il n'y aura pas de temps perdu.

— Nous serons heureuses si elle en est contente.

— Je vous réponds de sa joie. J'en suis tellement sûr que je la prends pour mon propre compte et que, même à l'avance, je vais vous en remercier.

— C'est déjà fait. N'en parlons plus.

— Je ne parlerai plus, d'accord, des mètres de dentelle que j'expédie; mais...

— Mais de quoi?

— De la *Dentelle*.

— Tant mieux! je comprends; vous allez faire, de la Dentelle, le sujet de votre causerie de ce soir?

— Précisément. Cette manière de me reconnaître est-elle de votre goût?

— Pour ma part, elle m'enchante. Je suis très-curieuse de savoir l'origine de ce bel ornement.

— Cette approbation me suffit.

— C'est cela. Ouvrons la séance.

A ce mot, M. Giraud obéit comme à une consigne :

— Mesdames et Mesdemoiselles, dit-il aussitôt, trêve aux longueurs. Notre sujet demanderait plutôt deux soirées qu'une... Je l'aborde donc sans préliminaires.

— Nous écoutons de toutes nos oreilles.

— Si je voulais prendre bien mes aises, je diviserais mon sujet en trois catégories. Je vous montrerais la Dentelle aux trois points de vue : philosophique, historique et industriel...

— Comment, monsieur Giraud, la dentelle pourrait avoir quelque chose à démêler avec la philosophie ?

— Pour vous convaincre, écoutez : Quand l'une ou l'autre de vous est marraine, n'est-ce pas la dentelle qui enveloppe ou orne coquettement les langes du nouveau-né ? Quand la fillette, grandissant, se prépare au sérieux symbole de la première communion ; quand la fiancée tend affectueusement sa main à celui qu'elle a choisi pour partager sa vie, n'est-ce pas la dentelle qui la voile... un peu, contre les regards toujours curieux ? Quand une fête vous appelle, dans la famille ou dans le monde, n'est-ce pas la dentelle encore qui, de ses flots gracieux, rehausse votre parure ?

— Oui, oui ; vous avez raison.

— Et, par l'ensemble de ce fait, cet ornement délicat ne se trouve-t-il pas un des plus riches en souvenirs ?

— Certainement.

— Et en souvenirs non-seulement personnels, mais traditionnels ? Car beaucoup de ces belles et riches bandes sont transmises de génération en génération, et rappellent tout aussi bien les aïeules que la mère. Vos dentelles, vrais mémoires brodés, peuvent être et sont le *memento* de vos jours heureux.

— Ah ! cher monsieur Giraud, merci pour ces bonnes paroles ! Un objet que l'on aurait pu traiter de futile, vous savez lui donner de la valeur, en le rattachant au sentiment et à l'affection.

— Cette Dentelle précieuse, demande madame Ducamps, est-elle d'une origine ancienne ?

— Malgré l'assertion des vieux chroniqueurs, qui nous montrent Constance, femme de Charlemagne, et Farstrade, femme du roi Robert, remplissant leurs loisirs à travailler à la dentelle, en vue d'orner les églises ; malgré cette assertion, dont aucune preuve ne nous reste, la Dentelle est moderne. Un érudit, qui ne voit que par la lunette de l'antiquité, pourrait bien faire remonter ce travail au *filet* des Égyptiens, des Grecs et des Romains. Chez ces nations, hommes et femmes en ornaient les bords de leurs vêtements. Mais cette source ne serait pas des plus certaines, et j'aime mieux ne pas tomber dans le travers des archéologues quand même.

— A quels peuples faites-vous honneur des premières fabrications?

— Les uns penchent à croire la Dentelle originaire d'Italie. A l'appui de cette opinion, l'on pourrait citer l'ouvrage du Vénitien Frédéric de Vinciolo, qui, en 1587, dédie aux Dames, — par un sonnet, — les « singuliers et nouveaux pourtraicts » de toutes sortes d'ouvrages, réseaux, points coupés, lassis, etc., décrits et gravés dans son volume. Les autres inclinent à attribuer cette invention aux Flamands. Ce système se justifierait aussi par les citations d'un autre livre, publié à Liége en 1588, — un an plus tard, — par Jean de Glen, et qui traite des mêmes sujets.

— Voilà de la besogne pour les savants qui voudront chercher la lumière.

— D'autant plus que, dans une série d'estampes représentant, d'après Martin Vos, d'Anvers, les occupations des différents âges de la vie, un des travaux caractéristiques est la dentelle aux fuseaux, faite par une jeune fille assise avec un carreau sur les genoux.

— Pour lequel des deux côtés penchez-vous, vous, monsieur Giraud?

— La Dentelle, selon moi, parut d'abord en Flandre. La Flandre en expédia aux Indes espagnoles, en faisant passer ses convois par l'Espagne. L'Espagne, conséquemment, suivit l'impulsion. Gênes et Venise se mirent presque aussitôt à en fabriquer, et la France arriva vraiment, elle, au xviie siècle.

— Ah! ah! nous n'avons pas été les premiers!

— Nul ne l'est pour tout. Et il y a plaisir à rendre justice et à donner gloire à qui le mérite. Dès le xvie siècle, sous François 1er, on eut bien un commencement de dentelle, faite de lin blanc à larges mailles. Les femmes et les dignitaires de l'Église en agrémentaient leurs vêtements.

— Et personne autre?

— Oh! que si. Les petites bourgeoises et jusqu'aux paysannes voulurent goûter des charmes de l'invention.

On fit à leur usage des dentelles communes, que l'on nomma *bisette*, et mieux encore *gueuse*.

— Bien trouvé! c'était assez, il me semble, que la chose fût moins délicate, grosse même;... mais le nom ne devait point aller jusqu'à la grossièreté.

— Peu après, dans les ajustements, apparurent la fine *mignonnette* et la *campane* au réseau plus fort.

— Vous ne nous parlez pas de la guipure?

— Elle vient juste, en ce même temps, pour s'appliquer au costume des prélats et des dames de la cour. Il y en avait de plusieurs sortes. Les quatre premières étaient en fil de lin, tandis que l'or et l'argent, la soie s'entrelaçaient dans les dessins de la cinquième.

— Je ne ne vois pas de guipure de ce genre, à présent?

— On n'en fait plus. Le lin de la gueuse et de la mignonnette a repris le dessus; il est devenu — cela va faire sourire d'aise mademoiselle Jeanne — l'élément constitutif de presque toutes les guipures contemporaines.

— A quel règne rattachez-vous l'usage un peu répandu de la dentelle?

— C'est à la cour de Louis XIII que les dentelles de Bruxelles firent leur première apparition. Si elles avaient apparu plus tôt, les états de dépenses de Gabrielle d'Estrées en feraient mention, et aucun achat de ce genre n'y est relaté. Les archives conservent ce document curieux et précieux, qui doit faire autorité sur ce point. C'est également sous Louis XII, que les hommes furent assez... femmes pour donner à la dentelle la plus grande place dans leur toilette.

— Eh! Est-ce que notre cher professeur va, contre son habitude, nous lancer des épigrammes?

— A vous, non; aux hommes, oui; à ces prodigues dont le luxe déplacé et maladroit (ils en mettaient jusque sur leurs bottes!) provoqua l'édit (l'édit célèbre de 1629) connu sous le nom de *code Michaud*, dont un article porte : « Défendons toute broderie de toile et fil et imitation de broderie, rebordement de filets en toile et découpure de rabats, collets, manchettes, sur quintins et autres linges, et tous points coupez, dentelles et passements et autres ouvrages de fil au fuseau pour hommes et pour femmes, en quelque sorte et manière que ce puisse être,... » le tout sous peine de confiscation des vêtements, chevaux et voitures sur lesquels les dentelles se trouveraient, et de mille livres d'amende.

— Et cette défense fut-elle ponctuellement observée?

— On lui obéit... comme à toute loi somptuaire.

— C'est-à-dire?

— Que l'édit fut impuissant, et que cols, nœuds, bonnets, manchettes et jabots continuèrent leur exhibition sans plus de formes ni de gêne.

— Mais, j'y songe; tout à l'heure, en nous citant les localités illustrées par la gloire de la Dentelle, vous ne nous avez pas nommé la Grande-Bretagne. Vous ne connaissez donc pas le *point d'Angleterre*, monsieur Giraud?

— Au contraire, Mesdemoiselles; et je crois bien que c'est le vieux Giraud qui va vous le faire connaître...

— Ah!... c'est encore possible. Il sait tant de choses!

— Le *point* ou *l'application d'Angleterre* n'est tout bonnement que...

— Que quoi? grand Dieu! Vous m'effrayez.

— Que l'application de Bruxelles.

— Par exemple! Comment cela?

— Voici : dans ces deux sortes de dentelles, les fleurs sont faites isolément du fond. On les y applique ensuite. Jusque-là, le travail est le même. Ce qui les différencie, c'est que, dans le *point*, le fond est en fil fin et fait à la main, tandis que, dans l'*application*, le fond est en tulle à la mécanique.

— Ah! très-bien! Je distingue. Et les Anglais?...

— Les Anglais ont importé les fleurs au carreau, et les ont *appliquées* sur le réseau, seule chose due au travail de leurs ouvrières.

— Tiens! C'est comme si je découpais des images et si, après les avoir collées sur un fond, j'allais dire que je les ai faites.

— Exactement. L'Angleterre, cependant, n'est pas si dépourvue; elle a créé une sorte de guipure très-remarquable, du nom de *Howinston*. Mais reprenons. Comme tout change! Un certain temps après l'édit somptuaire, Colbert fonde, en la subventionnant de 36,000 livres, la *Manufacture des points de France*, dont le succès est aidé par la prohibition des dentelles étrangères.

— Et, à l'aide de ce moyen, cette industrie se développe-t-elle?

— Si bien qu'un certain nombre de villes de France en acquièrent de la célébrité. J'aurais une telle abondance de détails à vous apprendre, qu'il me faut les passer sous silence, me contentant de vous dire qu'avec l'histoire de la Dentelle on pourrait presque... broder une histoire des mœurs.

— Cette concurrence de la France dut avoir des résultats?

— Elle diminua dans une mesure sensible le travail des ouvrières locales, et aboutit tout simplement à une petite sédition féminine dans les Flandres...

— Pas bien dangereuse, sans doute?

— Elle ne manquait pas d'une certaine vigueur. Il fallut, pour l'apaiser, prohiber les étoffes de laînes étrangères.

— Y a-t-il d'anciens exemples d'un grand luxe dans la fabrication de ce produit?

— Pour ne vous en citer qu'un, je vous dirai que, dans les magnifiques coiffures appelées *barbes pleines*, les bandes demandaient un double travail, et que l'on en fabriquait « depuis 100 jusqu'à 1200 francs l'aune, et *beaucoup au delà!...* »

— C'est d'un joli prix!

— Oh! chères Demoiselles, ne vous récriez pas tant. Je suis sûr que celle que je viens d'expédier à ma sœur...

— Chut! chut! cet article, cher professeur, est en dehors de la conférence.

— Vous trouvez?

— Oui. Vous ne devez pas même y songer.

— Et je crois pourtant, interrompt l'une des élèves, que ce bout de dentelle tourne un peu la tête à M. Giraud.

— Pourquoi croyez-vous cela, Mademoiselle?

— Parce que vous oubliez, par ci par là, des choses...

— Quand vous me comblez, je suis capable de tout... ou, pour vous dire juste, incapable. Qu'ai-je donc laissé en route?

— Et l'étymologie du mot *Dentelle?*... Vous ne nous l'avez pas même fait entrevoir.

— Cela ne tiendrait-il pas à ce que vos interrogations, que je vous prie néanmoins de continuer, me font souvent aller de côté et d'autre? En tout cas, je l'avoue,... je l'ai oubliée.

— Eh bien! réparez l'oubli.

— Les dentelles modernes, comme les dentelles

primitives, ont, pour terminer leur bordure, une espèce de picots *à dents*. C'est cet ornement *dentelé* qui, à votre gracieux et beau produit, a donné en France le nom de *Dentelle*.

— Parfait !

— Nous ne voudrions pas, cher monsieur Giraud, abuser en prolongeant cette soirée au delà de l'heure normale ; mais un mot rapide sur chacune des principales sortes de dentelle nous ferait grand plaisir.

— Ma soirée vous appartient tout entière. C'est d'ailleurs un succès pour moi qu'une demande en prolongation. Mais j'arrivais au sujet désiré.

— Bon ! Et dites comme vous l'entendrez.

— Je commence d'abord par un coup d'œil rétrospectif l'étude archéologique de la chose. On distinguait, dans la première partie du siècle dernier, diverses espèces de dentelles, dont les noms ne se sont point conservés, et que, précisément pour cela, je tiens à vous faire connaître. Il y avait : la *Neige*, le *Réseau*, la *Bride*, la *Fleur*, la *grande Fleur*, la *petite Fleur*, puis les dénominations connues et en vigueur encore aujourd'hui. A Paris et à Lyon se fabriquaient les dentelles d'or et d'argent ; les dentelles de soie les plus fines se faisaient à Fontenay, à Puisieux, à Morgas, à Louvre-en-Parisis ; les plus communes, à Saint-Denis

« en France », à Montmorency, à Gisors, etc., etc.

— Bon! et maintenant, pour les dentelles contemporaines?

— Le *point de Bruxelles*, riche et luxueux, est la dentelle par excellence. Il réunit tout : délicatesse de travail, souplesse et grâce, en même temps que relief de broderie... et prix, dont nul autre n'approche (robe de mariage de la duchesse de Berry. Col et volants de la robe de mariage de l'impératrice Eugénie). — La dentelle de *Malines*, transparente et légère, se distingue par le fil qui borde le contour extérieur de sa fleur (robe de mariage de la reine Victoria). — La dentelle de *Valenciennes*, qu'on a prétendu n'être plus aussi belle dès l'instant qu'on la fabriquait hors de sa ville natale, est fine, solide et d'une grande égalité de tissu, mais un peu moins blanche. Elle a émigré pourtant, et il s'en fabrique beaucoup en Belgique. — La dentelle de *Lille* est plus variée dans ses dessins, mais moins solide, et aussi parfois moins délicate. Son usage est donc plus général, et il n'est pas rare de la voir prise et par l'ouvrière et par la grande dame. Elle n'a pas déserté sa patrie et, pour cette sorte, Lille l'emporte sur la Belgique. — Le *point d'Alençon*, que je vous signale en en négligeant pas mal d'autres, est un produit tout français. C'est à Alençon que

Colbert en fonda la première fabrique. D'un fond très-délicat et très-riche par la variété des dessins, ce *point* est fait à l'aiguille. Il est d'un prix très-élevé (robe de mariage de la duchesse d'Orléans).

— A la bonne heure ! Voilà des détails de savant et qui nous satisfont…

— Mais qui ne sont pas encore la fin, reprend le professeur.

— Tant mieux toujours !

— Il faut bien que je vous offre mon bouquet.

— Ah ! vous nous avez gardé un bouquet ?

— Et un assez brillant.

— C'est comme au feu d'artifice. Voyons.

— Je songeais d'abord à vous raconter, à titre d'épisode, l'intervention de saint François Régis…

— A propos de dentelle ?

— Oui.

— Eh bien ! quoi vous empêche ?

— Le temps nous manquerait pour un long récit ; mais je peux vous apprendre sommairement que, vers l'an 1640, le parlement de Toulouse, pris d'un beau mouvement, s'avisa d'interdire, à toutes les femmes du Puy et des environs, la fabrication de la dentelle.

— Eh ! pour quelle raison ?…

— Sous un joli prétexte, allez.

— Lequel donc ?

— Sous celui-ci : « Que ce travail les enlevait à leurs occupations domestiques ».

— Voilà, se récrie l'auditoire, qui est ingénieusement trouvé !

— Heureusement pour les pauvres dentellières que se rencontrait là le bon saint François Régis. Les plaintes de ces femmes, auxquelles on arrache leur gagne-pain, le touchent...

— On serait touché à moins, certes.

— Et, sur-le-champ, il se rend à Toulouse, auprès du parlement.

— Bonne démarche !

— Il faut croire que son émotion le servit bien, et que les lamentations des femmes laborieuses le poussèrent à l'éloquence, car il fit rapporter l'arrêt.

— Bravo !

— Et la contrée, dans sa reconnaissance, a placé le généreux intercesseur au nombre de ses patrons.

— L'Auvergne devait bien cela à celui qui « lui a rendu son industrie. »

— Sans doute. Après ce fait, brièvement signalé, je veux, par exemple, vous montrer une autre intervention, intervention importante de la femme, non pas dans la fabrication même de la dentelle (il n'y a que des doigts féminins qui la travaillent), mais dans l'accomplissement des phases parcourues par cette précieuse industrie.

— Je vois avec plaisir que la femme a souvent un beau rôle dans toutes ces impulsions?

— Et je vais grandement confirmer votre dire.

— Nous écoutons.

— Je vous glisse le narré en deux mots, et j'ai fini. Par je ne sais quel concours de circonstances, le procédé de fabrication de la dentelle de Venise était perdu; c'est à une dame Gandillot que l'on doit de l'avoir retrouvé, à l'aide, sans doute, des trente ouvrières que l'on fit venir de cette ville. — C'est une dame Gilbert, que Colbert encouragea de 150,000 francs, qui, en 1675, dota de son industrie la ville d'Alençon. — En 1551, Barbara Uttmann, née d'Esterling, avait fait exactement la même chose pour la Flandre. — Vers la fin du xviiᵉ siècle, le comte de Marsan, le plus jeune des fils du comte d'Harcourt, quitte Bruxelles, amène à Paris sa nourrice, nommée Dumont, avec ses quatre filles, et leur obtient le droit de pouvoir fonder dans le faubourg Saint-Antoine un atelier de dentelle, qui repassa dans les mains de mademoiselle de Marsan.

— Oui, certes, cette succession de rôles féminins nous intéresse...

— Et nous en sommes fières.

— D'autant plus que, dans ce dernier établissement, les points de Venise étaient dépassés.

— Merci !

— Nous applaudissons des deux mains à M. Giraud : et pour le soin qu'il prend de reconstruire si généreusement la couronne de la femme, et pour l'ingénieux savoir qu'il déploie dans cette tâche !...

— Si bien remplie.

— Ah ! Mesdemoiselles, vous êtes toujours les mêmes... Pour peu que ça dure, je vais avoir à vous gronder d'être trop bonnes...

— On n'est jamais trop bon.

— D'accord ; mais je m'entends.

— Nous aussi.

— Maintenant que vous avez bien fait enrager votre vieux causeur, un vœu pour terminer.

— Dites.

— Vienne bientôt pour vous, chères enfants, et dans toute la plénitude de son bonheur, le jour radieux de la belle robe de dentelle !...

— Un souhait pareil formulé par vous ne peut que rendre ce jour heureux.

— Vous y serez, monsieur Giraud...

— Et au rang des plus intimes.

— En attendant qu'il ait le doux privilége d'exercer cette influence, votre vieux professeur, comblé et confus, s'incline et se prépare à la retraite.

— C'est déjà fini?

— Oui, Mesdames, j'ai fini... d'effleurer mon sujet. Comme pour tous les autres, j'aurais été long si j'avais voulu tant soit peu l'approfondir. Mais je n'ai point, dans ces causeries familières, la prétention d'être *complet* au point de vue *technique;* un aperçu *pittoresque* est tout mon but.

— Et il est atteint de la façon la plus agréable.

— Silence! ou vous m'empêcherez, par mon trouble, de vous remercier une dernière fois pour ma sœur...

— Pas un mot de plus sur ce point.

— A la prochaine soirée!

Et chacun, enchanté, s'y donne rendez-vous, en se promettant bien de n'y point manquer.

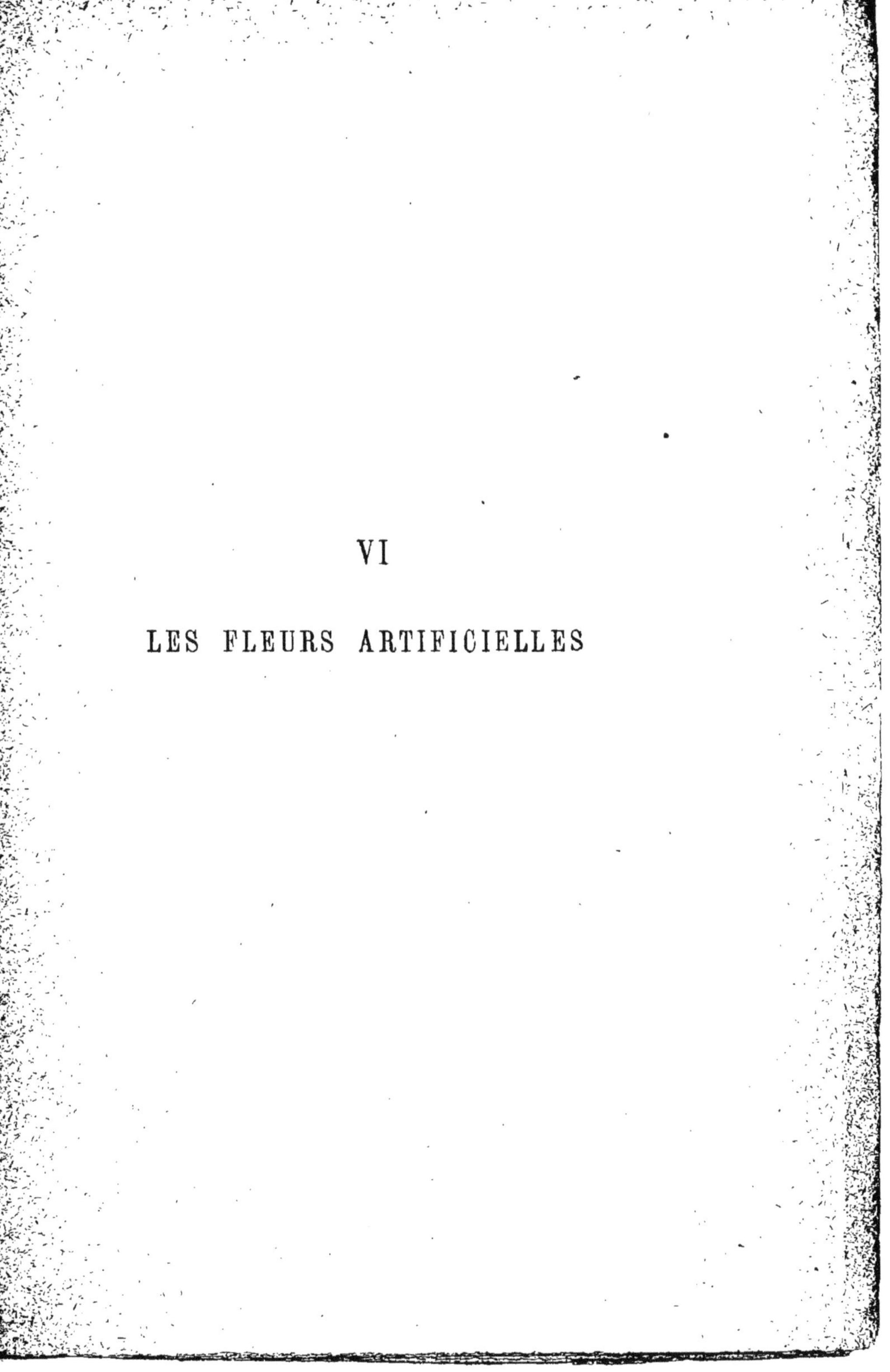

VI

LES FLEURS ARTIFICIELLES

SOMMAIRE

VI

LES FLEURS ARTIFICIELLES

Le soir de la nouvelle conférence est venu.

M. Giraud, cette fois, ne s'est point fait attendre.

Il est entré dans la salle avant même que tout son auditoire y fût réuni.

Sur sa table on compterait bien quelques volumes de plus que d'habitude... peut-être toujours un peu la coquetterie du professeur doué d'une précieuse mémoire.

En attendant l'heure officielle, il s'arrange dans son petit coin. Il équilibre son fauteuil ; du dos de sa main étale le tapis du guéridon ; d'après l'inspection de leurs titres, range ses livres en bataille ; puis, tout à coup :

— Je savais bien, se dit-il tout haut, qu'un jour ou l'autre cela m'arriverait !...

— Quoi donc, cher monsieur Giraud?... interrompt Lucie.

— C'est bon, c'est bon, charmante espiègle! Je vous vois sourire, et vous savez mieux que personne...

— Que sais-tu donc si bien, Lucie? lui demande Jeanne.

— Oh! reprend M. Giraud, qui ne laisse pas Lucie répondre, elle sait... elle sait déjà le sujet de ma causerie de ce soir.

— Et comment cela? Tu es donc devine, Lucie?

— Oui, répond en riant la jeune fille.

— Laissez-la rire, allez, reprend en riant lui-même le professeur. Ce n'est pas difficile de deviner de cette façon-là.

— Expliquez-nous donc ce mystère, dit la maman légèrement intriguée.

— Voici. Vous savez les ravissantes coiffures que vous venez de recevoir de Paris?

— Quel rapport?...

— Mademoiselle Lucie est si enchantée de la sienne que, avant le dîner, elle est accourue me la montrer.

— A vous!... des fleurs artificielles!... quelle idée!...

— « Quelle idée!... » C'est bien dit; car il y en a toujours chez ces demoiselles. Mademoiselle Lucie, devant ces fleurs factices qui rivalisent avec les fleurs du bon Dieu, eut le désir de connaître leur origine, et vint, en me les apportant à admirer, me prier...

— Je devine à mon tour ; d'en faire le sujet de votre conférence ?

— Juste. Avec vous, charmantes enfants, on n'a presque pas besoin de parler... Heureux les esprits ouverts !

— De sorte que vous allez nous causer ?...

— Sur les *Fleurs artificielles*.

— Bravo ! ce n'est point une si mauvaise idée. Ce sujet-là en vaut bien un autre.

— Allons, monsieur Giraud, contentez Lucie... et nous en même temps.

— Cher professeur, est-elle bien ancienne, l'origine de ces charmants produits factices ?

— Ah ! c'est la question inévitable. Vous seriez contente si je pouvais remonter au Paradis terrestre, et vous dire que la belle Ève y découpait des myosotis et des roses...

— Elle eût mieux fait que d'y croquer sa pomme.

— D'accord ; mais ne nous détournons pas de notre légende.

— Nous écoutons.

— Pour ne pas vous faire toujours remonter jusqu'aux premiers échelons des âges, je m'en tiendrai aux deux peuples classiquement nommés « anciens ».

— Les Grecs et les Romains?

— Précisément. Nos savants ont la certitude que bouquetières, modistes et faiseuses d'Athènes et de Rome possédaient l'art de placer des bouquets dans les coiffures, et ces bouquets se composaient tantôt de fleurs naturelles, tantôt de fleurs imitées.

— Quelque épisode se rattache-t-il à ces commencements?

— Pour vous répondre, j'ouvre un volume. Vous ne direz plus que je les apporte chaque fois pour les laisser fermés.

— Peut-être savez-vous très-bien par cœur ce que vous allez lire.

— Si ma mémoire parlait, elle vous gronderait. Mais je passe cette flatterie sous silence. C'est Pline le naturaliste que je prends...

— Celui qui est mort par l'éruption du Vésuve?

— Oui, l'oncle de Pline le Jeune.

— Il s'est occupé des fleurs artificielles?

— Écoutez ces deux ou trois alinéas que je vais vous traduire. Il parle des couronnes :

« Dans les premiers temps, dit-il, les vainqueurs aux Jeux sacrés étaient couronnés d'une branche d'arbre, dans laquelle on mêla ensuite différentes fleurs, pour lui donner plus d'éclat et de parfum. Cet usage commença à Sycione. Il dut sa naissance

à l'imagination du peintre Pausias et de la bouque-
tière Glycéra, dont il s'occupait à peindre les ouvrages. Celle-ci, pour le défier, variait l'arrange-
ment de ses fleurs; c'était un combat entre l'art et
la nature...

« Les couronnes de fleurs s'étant introduites de
cette manière, on vit bientôt paraître celles qu'on
nomme égyptiennes et d'hiver, qui se font de ra-
clures de cornes teintes, pour la saison où la terre
ne produit pas de fleurs...

« Le riche Crassus est le premier qui, dans ses
jeux, ait donné des couronnes dont les feuilles fus-
sent d'or et d'argent...

« Les couronnes de fleurs entrelacées étaient les
plus révérées. Les Saliens, dans leurs sacrifices, les
portaient travaillées à l'aiguille...

« Bientôt on fit venir de l'Inde, et de pays encore
plus éloignés, les couronnes d'étoffes. Car aujour-
d'hui l'on regarde comme le comble de la magnificence d'en distribuer de feuilles de nard ou de soie
de diverses couleurs, humectées de parfums. C'est
le terme que n'a point encore dépassé le luxe des
femmes. »

— Voilà qui est plein d'intérêt et de renseignements, s'écrie-t-on de plusieurs côtés.

— Et maintenant, arrivons-nous d'un bond aux
peuples modernes?

— A peu près, mais pas cependant sans nous arrêter chez les Chinois... disons les Chinoises.

— Elles imitent aussi les fleurs?

— Et d'une façon charmante. Dans cette imitation, elles déploient beaucoup d'habileté, et leurs créations, sinon pour la vérité, du moins pour l'éclat, rivalisent parfois avec celles de la nature.

— A ce point?... Je voudrais bien en voir.

— De quels éléments se servent-elles pour cette délicate confection?

— Elles n'emploient pas, comme nos fleuristes, les étoffes, la soie, les gazes, etc...

— Qu'emploient-elles donc, alors?

— Un produit de leur pays, la moelle d'un arbrisseau, du bambou, qu'elles coupent par petites bandes d'une finesse extrême, qui leur tient lieu de mousseline ou de papier, et qui imite si bien le pétale charnu du camélia.

— C'est ingénieux et curieux tout à la fois.

— Tout à l'heure, vous verrez un Français imiter ce procédé et façonner des fleurs ravissantes.

— Nous, les Français, sommes-nous des premiers dans cette fabrication?

— Non, les Italiens... les Italiennes toujours, nous ont précédés de bien des années, et leurs produits ont obtenu de grands succès.

— De quoi se servaient-elles?

— Elles commencèrent par des rubans de diverses couleurs, auxquels elles donnaient les formes voulues en les frisant. Plus tard, les plumes, la gaze d'Italie grossirent leur matériel; puis enfin elles eurent recours aux cocons des vers à soie.

— Pour leurs fleurs?

— Cela vous étonne. Eh bien! ces Italiennes, elles façonnent avec cette matière de véritables merveilles.

— C'est bizarre!

— Le cocon s'imprègne parfaitement de la teinture, et la conserve très-longtemps. Un fin duvet le recouvre et l'entoure d'une transparence dans laquelle on croit voir le velouté de la fleur vivante. Il offre de plus une longue résistance à l'action destructive du soleil. Le lieu d'Italie le plus renommé pour les fleurs de ce genre est le couvent de Fiesoline, à Gênes.

— Voilà des fleurs merveilleuses, en effet!

— Pourtant nos habiles Italiennes, réduites à découper aux ciseaux, n'avaient pas encore d'emporte-pièce. Ce moule tranchant, si précis et si commode, est une invention moderne due à un Suisse.

— Quel est le Français qui s'est signalé au début de cette brillante industrie?

— Séguin, né à Mende. En 1738, il vint s'établir

à Paris, et mit au service de la fabrication des fleurs artificielles ses connaissances de chimiste et de botaniste. Il s'appliquait à copier scrupuleusement les vraies fleurs. En peu de temps ses productions furent aussi belles que celles d'Italie...

— Je savais bien que nous, Français, nous nous rattraperions !

— C'est lui aussi, Séguin, dont je vous ai signalé tout à l'heure le travail analogue à celui des Chinoises : il fit de très-jolies fleurs en utilisant de la moelle de sureau.

— Décidément l'homme est industrieux !

— Les fleurs en lamelles d'argent peintes, employées jadis dans les ajustements des dames, sont encore de l'invention de Séguin, qui vraiment donna une grande impulsion à l'industrie des fleurs artificielles.

— Dans certains cas, j'appelle cette industrie un art.

— Et vous avez raison, chère Demoiselle. A Paris, aujourd'hui, — et vous en savez quelque chose, vous qui venez d'en recevoir les plus délicieuses guirlandes, — à Paris, nos fleuristes de mérite imitent... et, au besoin, dépassent la nature. C'est là que les fleurs se fabriquent avec le plus de perfection. Nous avons vu des roses fanées tromper les regards des plus grands connaisseurs.

— Il est vrai que ces botanistes particuliers ont une flore charmante et frappante de fidélité.

— Même avant nos fabricantes actuelles, madame de Genlis, qui aimait beaucoup ce travail, jetait Buffon dans le ravissement en lui montrant ses imitations de petites fleurs des prés. Plus tard, à l'Exposition de 1823, l'inventeur des fleurs en baleine, M. Achille de Bernadière, présenta au roi deux œillets fond blanc liserés de rouge. De ces œillets, l'un était naturel, l'autre artificiel. Le roi ne sut les reconnaître.

— J'ai vu des papillons s'approcher d'une coiffure que je portais l'année dernière.

— Ils faisaient là, en action, un madrigal à la fleuriste.

— Comme les oiseaux en faisaient un à Zeuxis, en venant becqueter la couleur de ses raisins.

— Très-juste.

— N'emploie-t-on pas encore d'autres matières à l'imitation des fleurs ?

— Beaucoup d'autres.

— Quelques citations, pour compléter l'étude.

— On vit paraître des fleurs en cire. On en vit en papyrus. On en vit en paille. On en vit en cheveux, en plumes, en baudruche. Bien plus fort que cela, on en vit en pains à cacheter.

— Dans les rues de Paris, j'ai bien vu des marchands vendre des fleurs... en légumes !

— Et qui étaient assez réussies. Je ne parlerai pas, à vous qui n'êtes point gourmandes, des imitations de fleurs par la confiserie.

— Messieurs les confiseurs exécutent parfois d'ingénieuses et de jolies friandises...

— Et bonnes... Néanmoins je supprime la mention des fleurs en sucre, en pâte, en chocolat, etc. Derrière leurs vitrines, je les vois bien sollicitant le « friand » qui passe ; mais, fort... de la faiblesse de mon estomac, je passe, moi, tout fier devant l'étalage, et rentre vite dans ma chambre respirer les vraies fleurs que vous me donnez et que vous me renouvelez sans cesse.

— Et qui ne vous manqueront jamais, cher professeur. Est-ce que, pour finir, vous ne pourriez?...

Mais au même moment Lucie l'interrompt en partant d'un grand éclat de rire.

— Ah ! monsieur Giraud, s'écrie-t-elle, vous ne savez pas ?

— Quoi donc ?

— Jeanne qui me dit à l'oreille de vous demander... Je n'ose...

— Demandez toujours, chère Demoiselle.

— Si les sauvages font aussi des fleurs artificielles ?

— Précisément oui, et vous avez à rentrer votre rire.

— Vraiment?

— Je ne vous parlerai pas des Péruviennes, qui, à leur tête, à leur cou, à leurs bras, suspendent des guirlandes de mouches et de vers luisants, de sorte qu'elles semblent avoir pour coiffures, colliers et bracelets, des fleurs de lumière. Mais je vous citerai les sauvages de l'Amérique méridionale. Ils ont des oiseaux aux plumages splendides. Ces oiseaux leur fournissent des plumes des nuances les plus riches, les plus variées et les plus éclatantes...

— C'est vrai. Leur voilà d'excellents matériaux.

— Qu'ils savent mettre en œuvre. A l'aide de ces brillantes dépouilles, ils composent des bouquets dont les fleurs reproduisent agréablement l'opulente végétation de leurs contrées.

— Ils sont aussi adroits que cela, les sauvages?

— Le sauvage est homme, et par conséquent perfectible. S'il recevait le façonnage de la civilisation, il deviendrait aussi habile que nous...

— Et pourrait devenir élève et collaborateur des maîtres?...

— De tous les maîtres qui produisent, d'une manière si étonnante, ces admirables contrefaçons de la nature.

6

— Je vois que, pour être un bon fleuriste artificiel, il faut posséder un certain mérite.

— Il en faut un grand pour « représenter la nature dans toutes ses perfections par le moyen des
fleurs, des feuilles et des plantes artificielles; » cet
artiste, « par l'étendue de son art et des agréments
qui en résultent, offre à nos yeux une imitation de ce
que les plus belles saisons de l'année produisent
d'agréable, et rend parfaitement bien les fleurs les
plus fragiles de tous les temps et de tous les
pays... »

— Je comprends cela, et je l'admets.

— Tandis que ceux qui, sous prétexte d'imitation de fleurs, composent de grossiers bouquets,
« assemblage bizarre de plumes mal teintes et de
feuilles mal assorties, ne méritent pas de porter le
nom de fleuristes artificiels. »

— Je me souviens du fameux bouquet envoyé
par notre grosse cousine;... mais, chut! je ne veux
pas médire. On l'a distribué aux enfants des voisins
pour jouer. Celui qui l'avait fait se figurait pourtant
bien avoir un joli talent.

— D'après ce que nous venons de dire, vous
voyez tout ce qu'exige l'art du fleuriste artificiel :
dextérité, science et aptitude à *étudier* la nature;
car « il ne suffit pas de connaître la grandeur, la couleur et la découpure d'une fleur; il faut encore ob-

server très-attentivement les divers états par où elle passe, parce que l'ignorance des changements qu'elle subit, depuis qu'elle commence à poindre jusqu'à ce qu'elle soit entièrement flétrie, empêcherait de la copier au naturel : il faut encore étudier les nuances des différentes verdures qui se trouvent dans les branches d'une fleur, les diverses sinuosités que ces branches forment, ce qui demande plus de talent et de soins qu'on ne pense. »

— Je suis tout à fait partisan de cette apologie.

— L'auteur que j'ai choisi pour ces quelques citations n'a pas visé à faire de l'élégance ; mais il est instruit et judicieux.

— Ce qui vaut mieux que d'être ignorant avec un style fleuri.

— Monsieur Giraud, reprend Lucie, grand merci de la conférence que je vous ai forcé d'improviser ! En attendant que les sauvages confectionnent nos coiffures, je m'en vais essayer la mienne pour en montrer l'effet à ma mère.

— Allez ! Bonsoir, Mesdames et Messieurs ! Je me retire... Dieu veuille que je n'aie pas trop préparé mon auditoire au bon sommeil que je lui souhaite !

On serre la main de l'orateur-causeur pour le rassurer, et on le prie de fixer à bientôt sa nouvelle conférence.

— J'hésite un peu.

— Pourquoi ?

— Mon cher auditoire est plein de bonne volonté ; mais, en conscience, je ne puis me montrer tyrannique.

— Eh ! en quoi, de grâce ?

— Avec les jours splendides que nous avons, ne serait-il pas de la dernière cruauté d'empêcher des promenades pour vous enfermer... et m'entendre ?

— Ah ! monsieur Giraud !

— Soyez sûres, chères enfants, que je ne cherche pas la moindre louange. Je suis sincère... Là ! ne serait-ce pas dommage de vous priver du plein air pour ?...

— Monsieur notre professeur, vous ne finirez pas cette phrase...

— Sous peine d'avoir, demain matin, deux tasses de chocolat à votre déjeuner.

— Je ne dis plus rien.

VI

LES GANTS

SOMMAIRE

Beau temps. Auditoire accru. — M. Giraud cherche dans ses poches.
Il en tire le sujet de sa conférence. — Le *vêtement des mains* du
Talmud. — Laërte. — Les *chirothèques* de Xénophon. — Invective
de Musonius. — Peine au Vésuve. — Le canon du concile d'Aix-
la-Chapelle. — Premiers gants informes. — En drap, en peaux,
en tricot. — Variantes de l'usage au point de vue des gants. —
Mains gantées, mains nues. — Vers d'Olivier de la Marche. —
Henri III. Henri IV. — Mort de Jeanne d'Albret. — Louis XIV. —
L'hôtel de Rambouillet. — Fabrication de Worcester. — Le comte
d'Orsay. — Condition de perfection. — Fabriques importantes. —
Sortes de gants. — De quelles peaux. — Aphorisme de Balzac. —
Étymologie. — Proverbes. — Calembour de Charles-Quint. —
René le Florentin. — Othon III. — La conférence est close.

VII

LES GANTS

Il a fait un temps magnifique toute la journée.

Des amis et des voisins sont venus en assez grand nombre au château, de sorte que, le soir, — que l'on savait être un soir de conférence, — M. Giraud va trouver son auditoire accru de beaucoup. On a eu beau courir, on n'est pas fatigué, et c'est avec impatience que chacun attend l'entrée et l'exorde du professeur.

Il n'est pas de ceux qui se font désirer, M. Giraud. Aussi bientôt la porte du fond s'ouvre-t-elle, donnant passage à l'aimable et modeste savant qui, périodiquement et sans trop s'en douter, vient dérouler là une véritable petite encyclopédie.

Arrivé à son fauteuil, il salue avec aménité l'amphithéâtre d'auditeurs que lui a donnés le soleil, et il commence :

— Mesdames et Messieurs...

Mais ces trois mots d'ouverture sont à peine terminés, qu'une interruption l'arrête :

— Monsieur Giraud, lui demande Lucie, le sujet de la conférence, s'il vous plaît?

— Mais laisse donc le temps, dit Jeanne. M. Giraud ne peut manquer de nous l'apprendre.

— Cet empressement, reprend M. Giraud, est si flatteur pour moi, que je n'ai guère le courage de gronder. Je le devrais un peu pourtant... Mais j'aime mieux répondre à la question de mademoiselle Lucie.

— Ah! sur quoi allez-vous parler?

Au lieu de satisfaire à cette exclamation en articulant une phrase nouvelle, M. Giraud, dans un parfait silence, se met à chercher dans ses poches. Il va de celles de l'habit à celles du pardessus qui est à côté de lui... Enfin il trouve.

La curiosité de l'auditoire est excitée.

— Que va-t-il nous montrer? se demande-t-on.

— Le voici!

Et le professeur sort de sa poche et dépose devant lui, de la manière la plus ostensible, une paire de gants.

— Les reconnaissez-vous, mademoiselle Lucie?

Lucie les reconnaît.

— Oui, oui, dit-elle en riant aux éclats. Ce sont vos gants, que vous aviez perdus dans le jardin, vos gants que j'ai retrouvés, et que j'ai couru vous rendre.

— Ces chers savants, ils perdent volontiers quelque chose.

— C'est possible. En tous cas, je suis bien sûre que M. Giraud ne perdra jamais sa tête.

— Si vous continuez, Mesdemoiselles, je reste infailliblement au-dessous de ma réputation, et elle m'écrasera.

— Nous nous taisons. Mais en quoi ces gants répondent-ils à la question ?

— Tu ne devines pas ?... Nous allons entendre l'histoire des *Gants*. N'est-ce pas, monsieur Giraud ?

— Clairvoyante enfant, vous avez deviné juste.

— Cela me fait plaisir, car je n'ai jamais songé à me demander si les gants ont une histoire.

— Comment ! s'écrie le professeur, en voyant ces belles peaux qui couvrent si hermétiquement vos doigts, vous n'avez jamais eu l'idée de chercher leur origine ?

— J'en suis très-contente, parce que les choses que j'aurais découvertes ne vaudraient pas celles que nous allons entendre.

— Je commence à imposer trêve aux compliments.

— Quel est le premier personnage qui va nous apparaître *les mains gantées?*

— J'irais bien vous chercher un Chaldéen, puisque le Talmud parle du *vêtement* des mains; mais on manque de certitude. J'arrive à un personnage d'Homère, le vieux père d'Ulysse, Laërte. Le rusé voyageur le retrouve occupé dans son verger. Voici le passage de l'*Odyssée*.

> Laërte, en ce jardin qu'enrichit la culture,
> Tout seul creusait la terre autour d'un jeune plant.
> Ulysse devant lui reste, en le contemplant.
> Un manteau rapiécé le couvrait ; aux épines
> Ses jambes opposaient le cuir de leurs bottines,
> Et contre les buissons, à ses deux mains, toujours
> *D'impénétrables gants* fournissaient leur secours.

— Citation concluante.

— Jusque-là, c'était pour se garantir des piqûres; mais pour se préserver du froid ?

— Cela vint. Plus tard, Xénophon, se plaignant de la mollesse des Perses, dit que, « non contents de vêtir leur tête et leurs pieds, ils préservaient du froid leurs mains *avec des gants épais*, » qu'ils désignaient sous le nom de *chirothèques*, c'est-à-dire *couvre-mains*.

A la fin du premier siècle de notre ère, le stoïcien Musonius s'écrie, en invectivant la corruption de son siècle : « C'est une honte que des gens en parfaite santé se couvrent les pieds et les mains de vêtements moelleux et tissés en poil. »

— Je trouve ces deux anciens bien sévères...

— Pline devait penser comme vous, puisqu'il portait des gants à son voyage au Vésuve, de peur que le froid ne l'empêchât d'écrire.

— Et je n'ai pas du tout honte de m'empêcher les engelures de l'hiver, ni de me plier aux convenances de l'été.

— A quelle époque les gants apparaissent-ils en France ?

— Le premier acte officiel où il soit question de gants, en France, est « un canon du concile d'Aix-la-Chapelle, 847, qui commande aux abbés de fournir à leurs religieux des manches de peau de mouton, en hiver, et des gants en été. »

— Je serais volontiers curieuse de savoir quelles péripéties subit la fabrication des gants.

— Je laisse de côté les gantelets, gants à écailles de fer de nos anciens chevaliers, et j'arrive aux cache-mains du commun des martyrs. Comme toute chose qui commence, les premiers gants furent en formes. On les tailla d'abord dans du cuir très-épais...

— Ce ne devait pas être facile d'en coudre les doigts ?

— Il n'y avait point à vaincre cette difficulté : les gants d'alors étaient de gros fourreaux sans séparations de doigts, le pouce excepté, comme les lourdes mitaines de nos paysans.

— Et ensuite ?

— On en porta de drap, quelquefois garnis de soie aux bords. Plus tard, on y employa les peaux de divers animaux, préparées à l'huile ou soumises au travail du mégissier. Enfin les aiguilles et le métier en fabriquèrent avec tout ce qui pouvait se filer.

— Et maintenant, qu'allez-vous nous apprendre sur les gants au point de vue des usages ?

— Les mœurs changent, et, avec les mœurs, le ton et le goût. Bien anciennement, la politesse consistait à offrir la main *nue* : « Mais, dit le troubadour Savaric de Mauléon, mais quand la blanche main *sans gant...* etc. » Ensuite, encore en plein moyen âge, l'usage des gants s'introduisit dans le clergé ; le prêtre ne devait point avoir les mains nues pour célébrer l'office divin. Puis, comme tout va par contradictions, dans la magistrature ce fut le contraire ; les juges ne pouvaient rendre la justice avec des gants. On ne pouvait entrer ganté dans les écuries du roi. On se dégante aussi pour prêter serment. Beaucoup plus près de nous, dans le siècle dernier, retour à la politesse de nos vieux poëtes : « Si l'on avait quelque chose à présenter à une

princesse, et que l'on eût un gant, il fallait se déganter. » Aujourd'hui l'on ne pourrait offrir à une
dame une main sans gant.

— Au commencement, les gants étaient-ils en
peau ?

— Vers le milieu du xv⁰ siècle, l'auteur du *Pa-
rement des Dames*, Olivier de la Marche, gentilhomme de la cour de Bourgogne, écrivait ces vers :

> Un gantier faut qui nous face des gants...
> Pour cuyr avoir yrai-je en Allemaigne ?
> Ou si mieulx sert cuyr venant de Behaigne (*Bohême*) ?
> Tout cela ne vault. Nous irons en Espaigne :
> Là nous pourrons assouyr (*assortir*) vostre affaire ;
> Le cuyr est doulx, la violette flaire.
> Ainsi, Madame et ma très redoublée (*honorée*),
> Du cuyr d'Espaigne vous en serez gantée.

— Voilà donc une preuve que, de 1450 à 1460,
les dames se gantaient de cuir d'Espagne sentant la
violette ?

— Et cependant, plus tard, les femmes semblent
avoir rétrogradé dans l'art de se couvrir les mains.
Sous Henri III, elles portèrent d'abord des mitaines,
— non les grosses mitaines rustiques entrevues
tout à l'heure, mais ces élégantes mitaines à demi-
mains d'où les doigts sortent nus, — puis des gants
en tricot de soie. On en faisait aussi en fil, en coton,
en laine et en filoselle. Sous Henri IV, la cour de

France abandonna les gants pendant des années, à cause de la mort tragique de Jeanne d'Albret, empoisonnée, dit-on, par une paire de gants parfumés, achetés d'un Italien. Les gants de peau dont vous vous informiez tout à l'heure, n'apparurent, selon certains, que sous Louis XIV.

— Les courtisans ! Ils vinrent juste pour ganter le Roi-Soleil...

— Oui, pour empêcher Sa Majesté de se brunir les mains à elle-même.

— Y a-t-il eu des couleurs de prédilection ?

— Les précieux de l'hôtel de Rambouillet mirent en faveur les gants de couleur isabelle vif. L'impulsion, alors, était donnée. A partir de cette époque, l'importance des gants a toujours augmenté, et de toutes parts les fabriques se sont multipliées. A Worcester seulement, il se fait plus de six millions de paires de gants par année.

— Quel nombre immense d'ouvriers cette industrie doit faire vivre !

— Il faut bien tous ces ouvriers et leurs millions de produits si l'on pense, avec le comte d'Orsay, qu'un gentilhomme ne doit pas user moins de *six* paires de gants par jour.

— Oh ! c'est beaucoup !

— Je le trouve aussi, et je le trouverais encore

davantage si la triple condition d'autrefois était maintenue.

— Quelle condition, monsieur Giraud?

— Il était établi jadis qu'un gant ne pouvait être parfait — qualité et confection — que si la peau en avait été préparée en Espagne, la coupe faite en France, et la couture en Angleterre.

— Est-ce que ces trois points ne sont plus aussi indispensables?

— Aujourd'hui la ganterie de France l'emporte, en général, sur celles des autres nations.

— Et où sont les fabriques les plus importantes?

— A Paris, Grenoble, Vendôme, Lyon, Lunéville, Montpellier, Nancy, Niort, Avignon, Béziers, Blois, Chaumont, Grasse, Marseille, etc.

— Paris, bien entendu, tient le premier rang?

— Oui, et Grenoble le second. Seulement les gants de Grenoble, aussi élégants que ceux de Paris, ont moins de solidité.

— Les gants ont-ils eu, à un moment donné, des variétés de formes ou de noms curieuses à connaître?

— Oui, Mesdemoiselles, et en assez grand nombre même.

— Quelques-unes, s'il vous plaît, cher monsieur Giraud?

— Toujours tout à vous. On distinguait les gants

sur poil, dont le côté velu est au dehors; — les gants *sur chair*, ou retournés en sens inverse des premiers; — les gants *effleurés*, gants sur poil dont on a ôté la *fleur*, c'est-à-dire la surface luisante, ce qui adoucit la peau; — les gants *non effleurés*, les mêmes dont on n'a pas enlevé la fleur; — les gants *retroussés*, ou à l'anglaise, dont le haut étant retroussé, l'envers devient l'endroit; — les gants *de fauconnier*, épais pour garantir de la serre de l'oiseau; — les gants *brodés*, dont les coutures, les bords, les jonctions sont brodés en fil, soie, or ou argent; — les gants *fournis* et *fourrés*, garnis au dedans de poils et de fourrures; — les gants *bourrés*, garnis de chiffons pour se garantir des coups de fleuret; — les gants *glacés*, dont le côté de la chair a été passé dans un mélange spécial qui les polit; — les gants *parfumés*, qui ont contracté un parfum dans des boîtes d'odeurs; — les gants *de cannepin*, faits de la superficie déliée qu'on enlève de la peau des agneaux et des chevreaux; — les gants *de castor*, fabriqués avec des peaux de chamois ou de chèvres... Ouf! je ferme ici la nomenclature.

— Elle est complète, j'espère!... Cependant encore une petite question sur ce point.

— Posez-la, chère Demoiselle.

— Combien y a-t-il de sortes de peaux employées par la ganterie?

— Onze environ : celles de chevreau, de chèvre, d'agneau, de mouton, de chien, de renne, de daim, de castor, de cerf, d'élan et de chamois.

— Il va sans dire que le gant de chevreau a le cachet le plus aristocratique ?

— Sans le moindre doute, mais à la condition, cependant, que l'on comprendra l'aphorisme de Balzac.

— Quel aphorisme ?

— Celui-ci ; écoutez-le : « Ce n'est pas tant le chiffon en lui-même, dit le puissant observateur, mais l'esprit du chiffon qu'il faut saisir. »

— Je comprends bien cela. Quelques personnes croient que l'on peut mettre indifféremment, pour telle ou telle circonstance, des gants d'une couleur ou d'une autre ; c'est une profonde erreur.

— Certes, chère Demoiselle, vous n'irez point à l'Opéra avec des gants que vous mettriez pour une visite intime, ni à une messe de mariage avec des gants de promenade. La science délicate de ces nuances constitue une partie du savoir-vivre et du bon goût.

— Le mot *gant* a-t-il une étymologie sérieuse ?

— Non, il vient, de la façon la plus simple, du mot allemand (ou flamand) *wante*.

— Il me semble que la langue proverbiale emprunte ce mot pour bien des expressions imagées ?

— Oui, il est usité dans de nombreuses locutions.

— Si cela vous est agréable, monsieur Giraud, avant de finir, expliquez-nous-en quelques-unes?

— Je suis là pour vous faire plaisir... et cette mission est ma joie. Écoutez donc : — *Être souple comme un gant*, cela se comprend sans commentaires. — *Jeter le gant*, c'est défier quelqu'un. — *Relever le gant*, c'est accepter le défi. — *Se donner les gants d'une affaire*, c'est s'en attribuer le mérite. — *Avoir les gants de quelque chose*, c'est être le premier à ouvrir un avis, à annoncer une chose. Cela vient de l'ancien usage de donner une paire de gants à celui qui faisait, le premier, connaître une bonne nouvelle. — *Aller comme un gant*, peut encore se passer de toute explication. — *Prendre des gants pour lui parler*, c'est, sur le pied de cérémonie, prendre toute sorte de précautions et de ménagements pour parler à quelqu'un.

— Sont-ce là les principales de ces locutions?

— A peu près. On dit bien encore : *L'amitié passe le gant*, pour désigner un salut à la hâte et sans se déganter; mais cette façon de parler est déjà moins fréquemment usitée que les précédentes, qui composent tout un petit vocabulaire proverbial.

— Très-piquant.

— Seulement, nous pouvons ne pas oublier le ca-

lembour de Charles-Quint qui, faisant allusion à la
vaste enceinte de Gand, disait : « Je peux mettre
tout Paris dans mon *gant*. »

— Tiens ! je ne le connaissais pas.

— Ce jeu de mots termine donc bien ma conférence. Quant à moi, je ne veux rien mettre dans
mes gants, mais je vais mettre soigneusement mes
gants dans ma poche... avec l'espoir de ne pas les
perdre une autre fois.

— Qu'est-ce que cela fait, puisque je vous les retrouve ?... Après cela, perdez, perdez ; par ces pertes
nous nous enrichissons d'excellents sujets d'étude.

— Dans lesquels j'oublie toujours quelque chose.

— Qu'avez-vous donc oublié aujourd'hui ?

— Deux points...

— Importants ?

— Qui méritent de faire le sujet d'une note.

— Eh bien, qui vous empêche d' « annoter »
votre conférence ?

— Si cela ne vous paraît pas trop décousu, je
veux bien ajouter mes renseignements.

— Vos conférences sont des causeries intimes ;...
le « décousu » en est précisément le privilége.

— Soit. Avec de l'indulgence, on arrange tout.
Il me revient en mémoire, 1° — à propos des gants
parfumés, le nom du sinistre fournisseur de Jeanne
d'Albret.

— Comment se nommait-il ?

— René le Florentin.

— Bon ! le voilà classé avec son étiquette d'em-
poisonneur.

— Et 2°, — toujours à propos de ces gants
« dont la peau était enduite de pâte et d'essence, »
je me rappelle encore que, en 1002, « Othon III
doit sa mort aux gants parfumés que lui avait en-
voyés la veuve de Crescentius. »

— Deux épisodes bien pareils !

— Et que je n'amplifie pas, pour ne pas attris-
ter votre bonsoir.

Puis chacun se retire après les affectueuses civi-
lités d'usage, et attend la conférence prochaine.

VIII

LE TRICOT

SOMMAIRE.

VIII

LE TRICOT

Les vacances du professeur se prolongent...

M. Giraud vient d'être indisposé.

Les conférences ont donc été forcément interrompues pendant quelque temps.

On annonce, dans le château, qu'elles vont bientôt reprendre leur cours habituel.

Il faut voir comme, le jour venu, l'auditoire se dispose à fêter son conférencier convalescent !

On se trouve dans le petit salon.

La saison s'est refroidie.

Un bon feu flambe dans la cheminée, au coin de laquelle M. Giraud a l'une des meilleures places.

Il se penche en avant de son fauteuil, et demande à quel moment l'on voudra passer dans la salle des conférences ?

— Mais, puisque nous voilà tous réunis et groupés autour de vous, lui dit-on en réponse, à quoi bon vous déranger?

— C'est cela. Prenez la parole au coin du feu. De votre fauteuil faites une chaire... Nous vous écouterons aussi bien ici.

— Certainement, ajoute Jeanne, et comme cette pièce se chauffe plus facilement que la salle accoutumée, si M. Giraud le veut, ce sera notre salle d'automne.

— Je le veux d'autant mieux, répond le vieux professeur, que cela n'a l'air de contrarier personne.

— Personne absolument, reprend Lucie.

— Une simple question, interrompt madame Ducamps. Pourrai-je pour une fois continuer mon petit travail... vulgaire? Je le tiens, et...

— Votre tricot, Madame?

— Oui, monsieur Giraud. Je désirerais finir le plus tôt possible cette paire de bas de laine pour M. Ducamps, qui, vous le savez, n'en porte pas d'autres que ceux que je lui fais.

— Ah! chère Madame, quelle exigence il me faudrait, et quelle cruauté, pour ne pas vous prier de vouloir bien continuer à enchaîner vos mailles!... Continuez-les avec acharnement... Faites mieux : Priez les dames d'ici sachant tricoter de prendre des aiguilles et de la laine, et, toutes ensemble, en faisant voltiger le fil laineux sur vos doigts, prêtez-moi l'oreille.

L'avis, pris d'abord en riant, ne fut ni perdu ni dédaigné; toute main exercée reçut un tricot, les aiguilles se mirent en train et, dans leurs croisements rapides, manœuvrèrent avec une enthousiaste célérité.

— J'allais, reprend M. Giraud, vous demander comme d'habitude quel sujet... Mais, vu l'incident, je demande à être aujourd'hui maître de mon thème.

— Accordé.

— Et nous vous écoutons...

— Avec toute l'attention dont nous sommes susceptibles. Silence !

M. Giraud, sans autre préambule, entre en matière :

— On ne peut guère remonter plus haut que le commencement du xvie siècle, sous François Ier, pour trouver l'époque de l'invention de votre... travail vulgaire...

— Du travail que je fais en ce moment? interrompt Lucie. Vous allez donc nous parler du *Tricot?*

— Du *Tricotage*, devrions-nous dire avec un lexicographe moderne. Oui, Mesdames, je vais vous parler de cet art de « former avec de longues et fines aiguilles ou broches de fer ou de laiton poli, des tissus de laine, de soie, de fil, de coton, etc., en manière de petits nœuds, boucles ou mailles, desquels tissus on fait des bas, des bonnets, des camisoles et autres ouvrages de bonneterie... »

— Tant mieux ! tant mieux ! s'écrie toute la partie laborieuse de la galerie, affriandée par la citation.

— Et, reprend le professeur, l'inventeur n'en est pas plus connu que ceux sur lesquels vous m'avez déjà interrogé.

— C'est souvent comme ça, remarque madame Decamps avec un étonnement peiné.

— Que voulez-vous ! La gloire ne vient pas toujours récompenser le labeur ! Les uns croient le tricot d'origine espagnole. Les autres pensent que les premiers ouvrages au tricot vus en France venaient d'Écosse. Ces derniers appuient leur dire sur ce que l'ancien patron des *bonnetiers-au-tricot* était saint Fiacre, fils d'un roi d'Écosse. Vous voyez que la fantaisie de la légende se glisse un peu partout.

— Cependant la trouvaille est ingénieuse. Cela nous semble facile, à nous qui savons exécuter le point ; mais, pour l'imaginer, il a fallu de l'idée...

— Et de la recherche. Ce n'est pas du premier coup que l'on a dû faire succéder les mailles aux mailles. Et, une fois les mailles trouvées, il fallait encore construire un bas, un bonnet, etc.

— Avant cette invention, avec quoi se couvrait-on les pieds et les jambes?

— Les peuples du nord et les Germains ne se couvrirent d'abord ni pieds ni jambes. Les Gaulois et les Francs, un peu plus tard, se couvrirent les jambes seulement. Les pieds restaient nus au bout de ces premières enveloppes.

— Et dans les temps plus rapprochés?

— On se confectionnait des bas, ou *chausses*, comme les Japonais et les Persans, en cousant ensemble des morceaux de peau, de toile, de drap, ou de quelque autre étoffe de laine ou de soie, que l'on attachait avec des cordons, et que l'on désignait sous le nom de *tibiales* (enveloppes des *tibias*). Ceux en drap étaient fréquemment verts, et taillés sans la moindre proportion avec la jambe, sans courbe aucune... Là, tout d'une pièce.

Jeanne part d'un éclat de rire :

— Je nous vois d'ici les jambes accoutrées de la sorte!... les jambes *entibialées!*...

— Eh! demande tout à coup Lucie, d'où vient ce drôle de mot : *tricoter?*

— Il y a divergence d'opinions. Les uns le font venir de l'allemand *Strick*, lacet, les mailles du tricot ressemblant volontiers à des nœuds. Les autres ont une étymologie plus simple, et que je crois meilleure...

— Nous l'attendons.

— A huit kilomètres et sur le chemin de Mont-didier, dans le département de l'Oise, se trouve un village du nom de *Tricot*. Dans ce village on fabrique ou on fabriquait, pour les troupes, un drap croisé, dont le tissu ressemble aux tissus faits aux aiguilles... L'inventeur — qui n'était peut-être qu'un pauvre concurrent de cette localité, n'ayant pas le moyen d'acheter un métier pour faire du drap et voulant gagner sa vie quand même — vit que de son invention résultait une trame assez semblable à celle du drap de l'endroit, et nomma tout bonnement son point : du *tricot*.

— Comme nos fabricants appellent leur drap : de l'elbeuf?

— Précisément. Au commencement, les bas ainsi façonnés se nommaient aussi : *bas à l'aiguille, bas brochés*, et l'on disait aussi bien : *brocher des bas*, que *tricoter des bas*.

— Tiens! s'écrie Jeanne, je suis bien aise de con-naître tous ces détails; j'en tricoterai avec plus de plaisir.

— Je vois, dit madame Ducamps, que *broche* a été le premier nom de l'aiguille à tricoter. Cela me rappelle une petite fille du midi, qui, voulant s'essayer aux mailles, disait toujours : « Maman, je veux *brocher*. »

M. Giraud continue :

— Toute invention semble avoir pour mission d'en déterminer, d'en provoquer une autre. Le tricot a fait naître le métier à tricoter.

— Ah ! ce dernier est plus contemporain. On doit, par conséquent, savoir qui en est l'inventeur ?

— Les Anglais avaient grande envie qu'on le crût d'Angleterre ; mais tout le monde sait pertinemment, à cette heure, que c'est un Français qui a inventé « cette surprenante et utile machine. »

— Comment le nommez-vous ?

— N'en demandez pas si long... C'est déjà beaucoup d'être sûr que l'honneur nous en revient.

— La renommée m'a l'air d'être passablement capricieuse, narquoise et fantasque.

— Elle est même parfois cruellement indifférente. Voilà un inventeur dont tout érudit peut raconter l'odyssée, et dont le nom ne nous est point parvenu !

— C'est fort bizarre !

— Tout ce que nous savons, c'est que ce mécanicien si remarquablement habile était un serrurier bas-normand, vivant sous Louis XIV.

— La déesse *aux cent bouches* devrait bien en

avoir une pour proclamer les noms qui méritent...
De quoi s'occupe-t-elle donc, cette bavarde?

— Devant ce coupable silence, monsieur Giraud,
ne nous dites pas le nom, mais contez-nous l'odyssée de ce trouveur.

— Cet inconnu, qui devrait être très-connu, ce
Français avait donc inventé le métier à tricoter les
bas. Pour s'établir à Paris et faire profiter la ville
de son invention, il demandait un privilége exclusif.
Pour le lui accorder, on mit des conditions difficiles,
suscitées surtout par les bonnetiers et les fabricants
de bas tricotés. Ces conditions devinrent des obstacles... Jugez-en par ce trait. Les premiers bas
qu'il exécuta, il voulut les faire présenter au roi.
Les marchands bonnetiers s'effrayèrent des résultats
de cette invention, et résolurent de couper la chose
dans sa racine. Pour cela, ils s'adressent à un valet
de chambre, et le corrompent à force d'argent. Le
serviteur vénal présente le cadeau à son maître; le
roi, enchanté, se hâte d'essayer ses beaux bas...
Mais à peine son pied entre-t-il dedans, crac, les
beaux bas se déchirent.

— Oh! s'écrient toutes les dames, comment cela
se fit-il?

— Voici le mot de l'énigme : le valet corrompu,
avant de remettre les bas au roi, en avait rompu
plusieurs mailles.

— C'est une abomination !

— Une vilenie !

— Et, grâce au caprice et à l'ignorance, on ne tint point plus grand compte du fait ; on découragea l'inventeur, et il passa en Angleterre, où sa machine fit l'admiration de tous.

— Inutile de dire, n'est-ce pas, que l'ouvrier fut largement récompensé?

— Vous dites juste, malgré une tradition attristante qui prétendrait que cet homme si industrieux serait, vers la fin du xviie siècle, venu mourir misérablement à l'Hôtel-Dieu de Paris.

— Les Anglais devinrent même si jaloux de cette invention, qu'il fut longtemps chez eux défendu, *sous peine de mort*, de la transporter hors du royaume ou d'en fournir des modèles à l'étranger.

— C'était rigoureux ! Pour des bas, des bonnets...

— Et cela dépassait l'esprit de patriotisme.

— Mais rassurez-vous : ce qui était parti de la France devait revenir à la France. Plein d'ardeur, un Français, Jean Hindres, dit-on, se rend à Londres. Il y étudie, y apprend par cœur, pour ainsi dire, le métier en question, et, de retour à Paris, par un des plus prodigieux efforts de mémoire, le fait reconstruire sur ses indications. C'est sur ce modèle que furent fabriqués tous les métiers répandus plus tard dans la France et dans la Hollande.

— Il me semblait cependant avoir entendu parler d'un certain William Lee?

— En effet, Anderson fait honneur de cette découverte à William Lee, en disant que l'art de faire des bas au métier fut inventé à Cambridge, en 1589. Un autre savant, le docteur Howel, dans son *Histoire du monde*, place la découverte de William Lee en l'an 1600...

— Hé bien, il ne faut donc pas les croire?

— Malgré ces deux assertions, je pense, Mesdames, que nous sommes dans le vrai en soutenant que l'Angleterre ne sait pas précisément à qui attribuer l'invention du métier à bas.

— J'incline à vous croire. L'Angleterre sait très-bien récompenser, et, si elle avait tenu sûrement son homme, une distinction quelconque nous aiderait infailliblement à en retrouver le nom.

— A quelle époque cette invention s'établit-elle chez nous?

— En France, la première manufacture de « bas au métier » fut installée dans le château de Madrid, au bois de Boulogne, en 1656. Un nommé Hindret, — ne serait-il pas le même que le Jean Hindres de tout à l'heure? — en eut la direction.

— Cela dut faire une certaine sensation dans l'industrie?

— Cet établissement eut un tel succès et fit de tels progrès, qu'en 1672 on érigea, en faveur des ouvriers qui y travaillaient, une communauté des *maîtres-ouvriers* de « bas au métier. »

— Alors, les Anglais?...

— Les Anglais voulurent décidément avoir leur part, et ils inventèrent les *bas à côtes*. Cette variante ne fut connue chez nous que vers 1770, — époque à laquelle un nommé Sarrasin établit à Paris, puis à Lyon, une fabrique de bas à côtes, *façon* Angleterre. Depuis quelque temps, d'ailleurs, l'Espagne, l'Italie, l'Irlande, avaient fourni des imitateurs.

— Les imitateurs suivent toujours promptement.

— Et les jolis bas de soie? Quand donc apparurent-ils?

— Dès le xv⁰ siècle, la soie était commune en France; mais on ne savait pas encore s'en tricoter des bas. On les taillait dans la soie tissée, comme dans les différents draps, et on les cousait... C'était toujours les *chausses*, nommées plus tard *hauts de chausses*.

— Qui, en France, a porté les premiers bas de soie tricotés?

— Henri II, en 1559. Il avait à assister aux noces

de Marguerite de France, sa sœur, avec Emmanuel-Philibert, duc de Savoie, et ses jambes eurent l'étrenne de « cette magnificence ! » On a voulu attribuer cette inauguration à Henri III, en 1571 ; mais on portait des bas de soie avant cette époque...

— Et la « magnificence » n'eût guère été remarquée ?

— Non ; et un roi ne manque pas gratuitement son effet. On cite plusieurs anecdotes à propos de cette sorte de bas. — La femme d'un nommé Lopez de Padilla crut faire un très-beau présent à Philippe II d'Espagne, en lui envoyant, de Tolède en Flandre, une paire de bas de soie. — Henri VIII ne portait ordinairement que des bas de laine, et ce ne fut qu'*avec force recherches et dépenses* que l'on parvint à lui procurer, en Espagne, des bas de soie tricotés. — La première paire de bas de soie tricotés à l'aiguille en Angleterre fut fabriquée, en 1564, par William Rider, qui la présenta, selon les uns, à Edouard VI, selon les autres, à Guillaume, comte de Pembrock.

— Voilà, j'espère, des choses d'un intérêt piquant. Je ne pensais point que ces pauvres bas que je façonne pussent faire surgir de si agréables détails.

— Et cette industrie alla toujours se perfectionnant. Depuis MM. Decroix (1797), Boiteux (1805), Bellemère (1806), Bonnard (1807), Favreau (1827),

qui, les uns ou les autres, avaient imaginé les bas
à mailles fixes, les bas *coupés à la pièce*, etc., jusqu'aux industriels les plus contemporains et qui ont
étendu l'art du tricot à toutes sortes de vêtements
— élégants et confortables, le métier à bas progressa
et prit une grande extension.

— La bonneterie est sortie du tricot.

— Et il me semble que la bonneterie elle-même
a pris un assez considérable développement?

— Elle se compose d'un bon nombre de productions, que l'industrie divise ordinairement en quatre
grandes catégories : les bonneteries *de coton*, *de
laine, de fil*, et *de soie*.

— A l'heure qu'il est, le tricot produit des merveilles.

— Vous devez le savoir mieux que moi, Mesdames,
vous qui lui faites une si ingénieuse, une si habile
concurrence.

— Je le crois bien que nous le savons mieux !
M. Giraud, toujours dans ses livres, perdrait volontiers ses jarretières... Ce n'est pas le moyen qu'il
sache si ses bas lui vont bien et lui collent.

— Non ; mais je peux voir aussi nettement que
vous si la maille en est souple, fine et douce. Qu'il
aille bien ou mal sur mes jambes, un beau tissu est
toujours un beau tissu, et je serai le premier à le
reconnaître et à le constater. Je ne suis pas si indif-

férent que vous pourriez le croire à ce minutieux travail, que généralement l'on prise aussi plus que vous ne le pensez...

— Comment! interrompt madame Ducamps, on a daigné, et l'on daigne s'occuper de notre modeste passe-temps?

— Certes. Écoutez ce qu'en a dit l'abbé Pluche : « La maille est une très-belle invention; mais, quoique le travail en soit simple, il est tel cependant que ni la gravure ni aucune description ne sont propres à le faire concevoir. Heureusement ce travail n'est point rare, et, si l'insertion d'une nouvelle maille dans une autre déjà faite n'est pas d'abord facile à bien entendre, on trouve partout des mains prêtes à en montrer l'assemblage, et des bouches qui mettent de la netteté dans tout ce qu'elles disent. »

— Il est très-gracieux pour nous, votre abbé.

— Vous le méritez bien, Mesdames.

— Cela me fait regretter...

— Quoi donc?

— Que l'on ne sache pas le nom de l'*inventeuse* du tricot... car je pense que ce doit être une femme. Tenez, monsieur Giraud, il me semble que je pourrais en faire la légende.

— Vraiment, Madame?

— Oui... si j'étais écrivain ou poëte.

— Essayez-le donc.

— C'est pour rire. Mais j'entreverrais une pauvre demeure. Une mère accroupie auprès de son enfant, cet enfant malade, couché et ayant froid aux pieds. La femme dénuée cherche partout quelque objet pour réchauffer le petit être, et elle ne trouve que des lambeaux, des fils, pour ainsi dire. Elle les prend toujours, les rassemble, en enveloppe les pieds glacés. Mais cela tient mal. Elle imagine des boucles, passe des fils l'un dans l'autre; elle tisse, pour ainsi dire, ses bribes... et la voilà tout à coup qui a l'idée d'une trame, obtenue à l'aide de mailles continues...

— Très-bien ! très-bien !...

— Vous riez ; mais je maintiens que le fait a dû se passer à peu de chose près comme cela... Enfin, je regrette qu'on ne sache pas le nom de cette *trouveuse*. L'abbé Pluche ne l'aurait pas négligée dans sa complaisante apologie, et ce ne serait que justice.

— Je dis comme vous, chère Dame. Si jamais, dans mes recherches, je parvenais à le découvrir, ce nom, je me hâterais de vous le faire connaître.

— Il mérite la notoriété au moins autant que tel ou tel autre !

— Je suis toujours affligée d'un oubli de ce genre.

— Un jour on peut découvrir un document...

— Et alors c'est une fête pour les cerveaux intelligents et les bons cœurs.

— Votre esprit de justice, Madame, me donnerait le désir d'être un inventeur quelconque.

— Eh! monsieur Giraud, vous êtes l'inventeur... de nos petites conférences.

— C'est-à-dire que me voilà passé grand homme pour vous apprendre des riens sur vos chers travaux.

— Nous ne voulons tyranniser la modestie de personne. Continuez à vous porter mieux, et à nous grouper autour de vous pour nous instruire.

— Oui, chères bonnes Dames; et je préfère votre sollicitude et vos soins à la plus resplendissante des gloires.

— A bientôt donc notre nouvelle réunion.

IX

LA PORCELAINE

SOMMAIRE

Ex abrupto du professeur. — Il est dérangé dans son plan. — Hardiesse de Jeanne. — Maladresse de *Jacquot*. — La tasse cassée devient le thème du jour. — La Porcelaine est très-ancienne. — L'Égypte, l'Asie. — La Chine et le Japon. — De la porcelaine partout. — La Tour de Nankin, en dehors et en dedans. — Contrefaçon. — L'inventeur? — Ignorance sur ce point. — L'an 442. — Note de deux voyageurs mahométans. — Saladin à Noureddin. — Étymologies à discrétion. — Comment on fabrique la Porcelaine. — Les eaux de King-Te-Ching. (Retour aux eaux de la Bièvre.) — Manipulations. — Variétés infinies, pièces curieuses. — Une légende!... Le dieu de la Porcelaine. — Rareté. — L'Angleterre, l'Allemagne, la Hollande. — Époques des divers établissements. — Sèvres. — Le service de Louis XVI, etc. — A quoi l'on reconnaît la meilleure Porcelaine. — Madame Ducamps est consolée. — La séance se termine.

IX

LA PORCELAINE

— Allons, allons, le professeur propose, et les élèves disposent. Je le vois clairement... et vous ne sauriez croire combien j'en suis aise. D'ailleurs, chères Demoiselles, je n'ai institué ces conférences que pour répondre aux suggestions de vos idées, et, lorsque une raison quelconque vous fait désirer un sujet, vous avez tous les droits du monde de me le demander.

A ces quelques mots, saisis d'avance et dont vous retrouverez la place tout à l'heure, vous avez deviné M. Giraud.

C'est lui, en effet, déjà rendu à son poste de conférencier, et qui se disposait, tout tranquille, à prendre la parole.

Son sujet était choisi. Un court exorde avait même

fait pressentir l'historique intéressant de la Soie, lorque Jeanne, se levant tout à coup :

— Monsieur Giraud, dit-elle assez vivement...

Puis elle reste court.

Le vieux professeur attend qu'elle se remette.

— Eh bien, mon enfant? dit-il à son tour en essayant de sortir l'élève de son charmant embarras.

Jeanne reprend peu à peu son équilibre moral :

— Monsieur Giraud, continue-t-elle, je suis toute honteuse de vous interrompre ; mais...

— Mais quoi? N'ayez point si grand'peur.

— Je vous demande mille pardons. C'est que je ne vais pas seulement vous interrompre ; je vais vous prier de... de changer votre thème pour ce soir.

— Ah! vous en avez un, sans doute, auquel vous tenez ?...

— Oui, monsieur Giraud, beaucoup. Je l'ai promis à maman.

— Sans m'en dire mot! c'est de l'avance sur moi. Bon moyen de dépasser son maître.

— Un peu plus, s'exclame la mère en riant, et elle vous demandera votre chaire pour essayer votre conférence!

— Où serait le mal? répond gracieusement M. Giraud. Je crois mademoiselle Jeanne et mademoiselle Lucie très-capables de s'en tirer.

— Pas encore, cher Monsieur. Qu'elles vous écoutent; c'est ce que je leur recommande.

— Voyons, ma bonne trouveuse de sujets, apprenez-moi ce que j'ai... à vous apprendre ce soir.

— J'y suis. Ce matin, maman déjeunait. Le perroquet, en voletant autour d'elle, effleure maladroitement sa tasse, sa jolie tasse de porcelaine, et patatras! voilà le chocolat répandu, et la tasse par terre!...

— Elle s'est cassée?

— Brisée, monsieur Giraud, brisée en mille pièces... pulvérisée.

— Quel dommage!

— C'est pourquoi j'ai voulu consoler maman, et, pour cela, je lui ai promis que, ce soir, vous nous feriez votre conférence sur la *Porcelaine*.

— Oh! que vous avez raison, chère enfant! et que je m'estimerai heureux si j'arrive à combler tant soit peu le vide!... mais mes histoires ne raccommoderont rien.

— Vous comblerez et raccommoderez tout à fait, j'en suis sûr. Une belle tasse, ça se retrouve, et je peux bien payer de la mienne le plaisir d'en connaître l'origine.

Là, le professeur, souriant dans sa barbe, répond par l'exclamation du début, puis continue :

— Je suis tout gagné, tout conquis... mais peut-être pas tout à fait préparé. C'est égal ; je vais faire un appel énergique à ma mémoire...

— Qui est bonne ; nous la connaissons.

— Et je commence.

Ce tour de force n'étonne personne, chacun ayant depuis longtemps apprécié le profond savoir du professeur.

On l'écoute.

— Je ne vous dirai point, Mesdames, surtout après l'incident qui vient de déterminer ma conférence, que la Porcelaine est cette belle poterie blanche et demi-transparente dans laquelle vous dégustez, tous les matins, votre savoureux déjeuner. Vous la connais-sez toutes, et vous en avez fait avec ardeur l'orne-ment de vos cheminées, de vos consoles.

— Et de nos étagères, interrompt Lucie.

— Mais je prendrai volontiers sur moi de vous dire que l'art de la fabriquer est très-ancien, et que les Égyptiens l'ont connu. D'Égypte cet art aura passé en Asie, et de là en Chine. C'est de la Chine et du Japon qu'il nous est venu. Dans ces deux localités, l'emploi de la porcelaine est si universel que l'inté-rieur des maisons en est rempli, que l'extérieur des maisons en est couvert : assiettes, plats, tasses, jattes, pots à fleurs, vases, tout cela y est en porcelaine ; de porcelaine sont garnis les toits, incrustés les piliers de marbre, tapissés les murs des édifices.

— C'est de porcelaine, n'est-ce pas, qu'ils ont revêtu leur fameuse Tour des environs de Nankin?

— Et si parfaitement qu'il est impossible à l'œil d'en découvrir les raccords. Elle est, du reste, leur plus beau monument de ce genre.

— Vous nous seriez bien agréable, cher monsieur Giraud, si vous vouliez nous la décrire.

— Cela ne me sera point difficile. Elle est octogone, et sur les facettes de ses huit longs panneaux, de quinze pieds de large chacun, les rayons du soleil font briller les plus vives couleurs du rubis, de l'émeraude et de l'or. Elle a neuf étages, qui se rétrécissent à mesure qu'ils s'élèvent, voûtés et ornés de galeries couvertes de toits verts soutenus par des soliveaux dorés. Ces neuf étages s'appuient sur un mur du rez-de-chaussée de douze pieds d'épaisseur, et se terminent par un gros mât, autour duquel tourne en volute une bande de fer surmontée d'une grosse pomme de pin...

— En or massif, ai-je entendu dire?

— Ou en métal doré. Chaque angle des toits en saillie est garni d'un certain nombre de clochettes de cuivre, suspendues en guirlandes, et dont le vent fait agréablement gazouiller les voix plus ou moins argentines. A l'intérieur, des idoles en bas-reliefs, dans des niches, y tiennent lieu de peintures. En tout, l'édifice a plus de deux cents pieds de hauteur.

— Ce doit être d'un joli effet, dans le paysage un peu fantastique que je me représente?

— C'est au moins original.

— La découverte d'un produit aussi estimé que la porcelaine a dû recevoir, là-bas, tous les honneurs possibles?

— Si c'est un honneur d'être contrefait, la Porcelaine a celui d'y avoir ses antiquaires et ses contrefacteurs.

— Ce ne doit pas être tout. En Chine les fêtes abondent, et sans doute on y célèbre pompeusement l'époque de cette invention et le nom de celui à qui l'on en est redevable?

— Illusion, hélas!... Toutes ces choses sont si reculées dans la « nuit des temps » que les bons indigènes eux-mêmes les ignorent et les attribuent volontiers au hasard. Leurs plus anciennes annales sont lettres closes à ce sujet. Le père d'Entrecolle, le savant missionnaire, les a inutilement feuilletées; elles ont jugé bon de se taire sur ce point, qui a fait la richesse et la réputation du Céleste Empire.

— Elle ne changera pas, cette coupable renommée! toujours indifférente!

— Et pour bien d'autres contrées que cette portion bizarre et stationnaire de l'Asie!... Seulement ce que l'on est venu à bout de constater comme certain, c'est que, dès l'année 442 de l'ère chrétienne, il se fabriquait déjà une grande quantité de porcelaine dans ce lointain pays. La découverte ou l'importation doit donc en remonter beaucoup plus haut, et je n'ai guère besoin de vous parler de la relation de deux voyageurs mahométans qui visitèrent la Chine dans le cours du ixe siècle.

— Et qui disent?

— Ceci, bien entendu traduit de l'arabe : « L'écrivain arabe Makrizi rapporte que, parmi les objets constituant un présent magnifique envoyé à Noureddin par Saladin, peu de temps après qu'il se fut rendu maître de l'Égypte, il se trouvait un service de vaisselle de la Chine composé de quarante pièces. »

— Ce sont des preuves. Mais, avant d'aller plus loin, monsieur Giraud, si nous vous demandions d'où vient le?...

— Je vois; vous seriez fort aises de recueillir une bonne étymologie?

— Oui, oui, précisément.

— Eh bien! n'allez pas croire, à l'exemple du siècle dernier, que ce nom de *porcelaine* soit un mot local. Je ne sais rien de l'idiome hiéroglyphique et monosyllabique des adorateurs du grand Tien ; mais l'Encyclopédie nous affirme qu'aucune des syllabes qui composent ce mot ne peut être prononcée ni écrite par des Chinois, ces sons ne se trouvant point représentés dans leur volumineux alphabet.

— C'est singulier. Mais eux, comment ont-ils nommé leur riche produit?

— Chez eux la porcelaine a pour nom *thsky*, ou *tsé-ki*, ce qui est assez différent. Maintenant, pour les curieux qui pourraient se rencontrer parmi vous, j'indique le portugais *porcelana* (*tasse, écuelle*) et l'italien *porcellana* (même signification, qui tous deux viennent de *porcella* (*petite truie*), coquillage univalve dont la forme arrondie a une certaine ressemblance avec l'embonpoint d'un jeune porc. (Ce coquillage est blanc, d'un magnifique émail, et a servi jadis de médicament en Europe, et de monnaie en différents endroits d'Asie, d'Afrique et d'Amérique.)

— Je ne m'attendais pas à pareille intervention; mais enfin c'est une étymologie quand même et complète.

— Elle paraît au moins suffisante. Et puis, quand on est pauvre d'un côté, l'on se retourne de l'autre. Si nous ignorons *d'où vient* au juste l'art de fabriquer la Porcelaine, nous savons très-bien *comment* on la fabrique.

— Oh! monsieur Giraud, est-ce que vous pourriez nous instruire un peu sur les détails?

— Je vais essayer. La Porcelaine — ce produit

que l'on doit « à l'action du feu sur les terres, les sables et les pierres, et sur la combinaison de ces substances, soit entre elles, soit avec des préparations minérales ou métalliques » ; — la Porcelaine, dis-je, est d'autant meilleure qu'il y entre moins d'éléments. Pour la plus belle, que l'on reconnait à sa blancheur éclatante et à son bleu céleste, on n'emploie que deux sortes de substances : le *pé-tun-tsé* (felds path laminaire blanchâtre), et le *kao-lin* (argile très-blanche et très-liante). Ces substances, que l'on tire de plusieurs localités, sont expédiées dans un seul et unique endroit de la province de Kiang-Si, à King-Te-Ching, village d'abord, mais bientôt agrandi, puis peuplé d'au moins un million d'habitants. Là, les eaux ont une propriété particulière et spéciale, qui ne se retrouve en aucun autre lieu du vaste Empire.

— Un cas très-analogue se présente chez nous, il me semble, interrompit madame Ducamps.

— Pour quelle industrie? demande Jeanne.

— Pour la manufacture des Gobelins, bâtie sur la Bièvre, seul cours d'eau pouvant servir à teindre aussi parfaitement les laines destinées aux splendides tapis que tout le monde admire.

— On ne pourrait mieux dire, Madame, s'écrie avec une respectueuse réserve M. Giraud, si la chose n'était une tradition... erronée.

— Comment donc?

— Oui, Madame, l'opinion qui attribue aux eaux de la Bièvre une propriété spéciale pour la teinture des laines est une erreur. Rien qu'à les voir, ces eaux, on est désabusé. Salies par les détritus d'un assez grand nombre de centres industriels, elles sont dénaturées, et, la chose eût-elle été vraie à l'origine, elle ne pourrait plus l'être maintenant.

— Qu'emploient donc les ateliers de teinture de notre fameux établissement?

— De l'eau de Seine clarifiée.

— Je suis bien aise de savoir cela. C'est une note à joindre à votre conférence sur les tapis.

— Il y en aurait bien d'autres!...

— Mais je m'arrête. Reprenez vite votre fabrication de la Porcelaine.

— Cette fabrication, Mesdames, est soumise à de si nombreuses opérations qu'il ne peut me venir à l'idée de vous les détailler. Quand je vous aurais bien énuméré les broyements, les épure= ments, les battages, les pétrissages, les roulages et les séchages de toutes sortes que subit la pâte (nommée *biscuit* à cet état); puis les moulages, les vernissages, les polissages; le travail des pein- tures, des émaux; les cuissons, etc., etc., j'aurais parlé pendant une demi heure sans vous rien ap= prendre de précis ni de complet, — car une pièce de porcelaine passe entre les mains de plus de vingt personnes avant d'entrer dans la fournaise, et de plus de quarante autres depuis qu'elle est cuite jusqu'à ce qu'elle soit mise en état d'être vendue.

— En effet, c'est assez compliqué.

— Et mon but, vous le savez, n'est point de vous apprendre à confectionner tel ou tel objet...

— Non, mais de nous causer pittoresquement sur son origine et ses développements.

— Laissons donc les nombreux ouvriers de King-Te-Ching manipuler tranquillement la porcelaine au milieu de leurs cinq cents fours, et contentons-nous d'admirer l'infinie variété de vases, de surtouts de table, de magots, de statuettes, et même d'instruments de musique qu'ils produisent, et dont se remplissent d'immenses magasins expédiant leurs fournitures aux milliers d'amateurs d'Europe.

— Il doit y avoir, parmi ces milles créations, des fantaisies curieuses?

— On a vu, chez eux, une lanterne colossale, d'une seule pièce, suffisant à éclairer puissamment une vaste chambre; de larges urnes, à couvercles pyramidaux; des jardinières, hautes de quatre pieds; des cadres, de grands tableaux; des statues, etc., etc.

— Ces grandes pièces doivent être bien difficiles à façonner?

— En général, les pièces dites *de dimension* sont l'écueil des artistes, autant au point de vue de l'habileté de main de ceux-ci qu'à cause des difficultés des cuissons, qui sont loin de réussir toutes heureusement. Quelquefois elles manquent à tel point, qu'il ne reste de la porcelaine qu'une masse informe ruinant net des centaines d'entrepreneurs.

— Oh! vraiment?

— Ils ne se découragent pas pour cela, et en braves et intrépides chercheurs, ils tentent de nouveau la fortune.

— Monsieur Giraud? demande câlinement Lucie.

— Mademoiselle, répond avec aménité le professeur.

— Est-ce que cette industrie de la Porcelaine n'a donné lieu à aucune anecdote caractéristique?

— Si, comme je vous l'ai dit, ce bel art ne connaît pas rigoureusement sa naissance, en compensation ses origines sont dotées d'une légende.

— Une légende!... oh! quel bonheur!

— Et c'est la cuisson de tout à l'heure qui me la rappelle.

— Sans trop d'efforts, vous pourriez nous la dire?

— La voici ... Je l'abrége...

— Pas trop, pourtant!

— Non. Un empereur avait commandé à un groupe d'ouvriers quelques grandes pièces sur des dessins qu'il avait imaginés, et dont, pour cela peut-être, l'exécution présentait d'énormes difficultés. On les avait établies tant bien que mal ; mais, au feu, rien ne réussissait. Chagriné de ne pouvoir satisfaire son maître, un de ces malheureux, — dans un accès de désespoir, aggravé encore par le mauvais traitement des officiers, par ses dépenses perdues et sa ruine certaine, — ouvre la bouche du fourneau... et s'y précipite...

L'auditoire se récrie.

— Il est, vous pouvez me croire, consumé en un instant. Mais, voyez un peu la chance !... Les pièces qui cuisaient dans ce fourneau, qui vient de dévorer un homme, sont, peu de temps après, trouvées parfaitement belles et dépassant même toutes les espérances de l'empereur. L'ouvrier alors est acclamé, passe pour héros, et sous le nom de *Pou-sa* (plus vénéré chez eux que chez nous), les Chinois, fanatiques de son dévouement, en font « le Dieu de la Porcelaine. »

— C'est un beau résultat.

— Mais le pauvre diable a eu trop chaud pour l'obtenir.

— Ces produits sont quelque chose de bien remarquable...

— Tellement qu'à la cour de France, à la fin du XIVᵉ siècle, un vase de porcelaine était plus rare et aussi apprécié qu'un vase d'or ou d'argent. Certains inventaires, royaux ou princiers, signalent, parmi les objets les plus précieux : « une escuelle d'une *pierre* appelée *porcelaine;* — un tableau de *porcelaine* carré, où d'un côté est l'ymaige de Nostre-Dame en esmail d'azur ; — une petite *pierre* de *porcelaine* entaillée ; » — etc., etc.

— Avec une pareille valeur attachée à ces produits, est-ce qu'on n'a pas dû chercher à les imiter ?

— Certes, et dans plusieurs contrées. En laissant de côté les Indes (Chine et Japon), sur la fabrication desquelles nous sommes fixés, nous avons, plus tard, au moins quatre nations de l'Europe qui se sont plus ou moins distinguées dans ce délicat travail. — L'Angleterre a fait des tentatives, mais sans atteindre à une grande valeur, sa vitrification étant imparfaite. — En Allemagne, Dresde, Franckendal et Louisbourg se sont signalés par des succès, leurs ouvriers utilisant la découverte fortuite due au baron saxon de Boetticher. — La Hollande et l'Italie ont parfois livré de belles productions, mais néanmoins inférieures à celles de Saxe.

— Et quelles sont à peu près les époques d'installation de ces fabrications diverses?

— La Porcelaine fut connue et fabriquée en Europe vers le commencement du xvie siècle. — Les fabriques établies en Saxe datent de 1702. — La première fabrique installée en Angleterre le fut en 1752. — Au milieu du xviiie siècle, notre grand naturaliste et chimiste Réaumur découvrit, à force de génie, de quelles substances était composée la porcelaine de la Chine. — La manufacture de Sèvres (que l'abbé Jaubert appelle, je ne sais trop pourquoi, *Seres*) fut fondée par Louis XV en 1756, et, dès l'année suivante, elle expédiait à la reine de Hongrie un service qui ne laissait rien à désirer pour la magnificence.

— Si je ne me trompe, dit timidement une des amies, la porcelaine de Sèvres...

— Est sans rivale. Le plus grand succès auquel on soit parvenu, et que l'on ne dépassera point, est celui que nous signalons avec orgueil dans cette manufacture, la première du monde pour la qualité des matières, la beauté des formes, la richesse des couleurs, le goût, l'élégance, la pureté et le fini des dessins. De curieuses collections y sont renfermées, entre autres celle des modèles de vases, d'ornements, de services, figures, statues, etc., exécutés depuis la création de la maison. — En fait de rareté, on y voyait, avant 1789, un service complet fait pour Louis XVI et dont chaque assiette coûtait

600 francs. Une grande table, admise à une Exposition avant 1827, y a été regardée « comme le plus beau morceau qui existe en porcelaine. »

— Nous diriez-vous, monsieur Giraud, à quoi l'on peut reconnaître la plus estimée ?

— La porcelaine la plus estimée et la meilleure est demi transparente, sans être trop claire, et reçoit, sans se fêler, les liquides glacés ou bouillants qu'on y verse. Quand on la frappe, elle est sonore. Ses fragments font feu au contact du briquet, et sa cassure présente un grain très-fin.

À cette phrase, Lucie prend un air mystérieux, rentre en elle-même, et regarde le conférencier avec un point d'interrogation indéfinissable.

— Je deviens passablement rêveuse à ce dernier moyen, dit-elle.

— Eh ! pourquoi, chère enfant ?

— Votre procédé peut avoir du bon… en dedans ; mais en conscience…

— Vous avez l'air de vous inquiéter ?

— Il y a motif, il me semble.

— En quoi ?

— Je veux bien qu'il nous soit agréable d'avoir une pierre de touche pour reconnaître la qualité de notre porcelaine ; cependant, est-ce qu'il nous faudra… briser nos tasses et nos soucoupes, afin de les essayer, afin de voir si elles sont bonnes ?

— Non, non ; ce serait de la précision trop rigou-
reuse, et en pure perte. Rassurez-vous. Ayez confiance. Contentez-vous, Mesdames, d'être fières de
posséder si près de votre capitale l'établissement
qui vous fournit cette merveille, et qui, à tous les
points de vue, l'emporte non-seulement sur ceux de
la Saxe, mais encore sur ceux de la Chine même et
du Japon...

— Qui, pour peu que cela dure, viendront s'approvisionner de leurs chefs-d'œuvre à Paris.

— Ce ne serait pas impossible.

— Et cependant, en actions de grâces de ces
ravissants ouvrages, nous n'avons pas imaginé, chez
nous, un dieu de la Porcelaine...

— A moins que nous ne le trouvions parmi les
savants directeurs et artistes de notre splendide
manufacture.

— En tout cas, nous ne le mettrons pas au four
pour le sanctionner.

— Nous ne sommes pas si féroces que cela.

— Et ce serait une trop cuisante apothéose.

— Quel qu'il soit, dit Jeanne, je le prie de vouloir
bien consoler maman de la perte de sa tasse.

— Ah! ma bonne Jeanne, tu es exaucée, répond
la mère avec une charmante douceur.

— Vraiment? Tu n'es plus... trop affligée?

— Non, mon enfant. Ce que tu hésites encore à

me demander, tu as su le provoquer... et je le crois réalisé. La conférence de M. Giraud m'a tout à fait consolée... Elle vaut, pour moi, autrement plus que ma tasse et mon déjeuner...

Chacun applaudit à la solution.

Tout heureux de ce qu'il a obtenu en parlant de cette élégante partie de la céramique (du grec *keramos*), le bon et modeste professeur se retire, remportant sous son bras les livres dont il ne s'est pas beaucoup servi, et promettant expressément à son auditoire, toujours très-empressé, de parler bientôt sur la Soie.

On se sépare, en attendant avec impatience cette prochaine leçon, très-désirée, et dans laquelle chacun semble entrevoir de l'importance.

X

LA SOIE

SOMMAIRE.

Enfin! — M. Giraud est seul. — Son monde arrive. — Ces dames
sont au diapason. — Découverte de la Soie très-ancienne. —
L'impératrice de la Chine. Conséquences de son travail. — Aris-
tote et Pline. — Pamphilie. — Ver à soie. Cocon percé. — Les
Romains. Leur ignorance. — Économie d'Aurélien. — Pauvre
impératrice! Héliogabale le Prodigue. — Justinien. — Deux moines
venant de Chine. — Ils rapportent de la graine. — Le fait, d'après
Peuchet. — Roger Ier, roi de Sicile. — Palerme, Venise, Florence,
Lucques, Milan. — Séville, Grenade. — Jean de Médicis. —
Louis XI. Tours. — Lyon. — François Ier. — Bas de noces. —
Henri IV. — Les *babioles* de Sully. — Olivier de Serres. —
Sully revient. — Paris, Lyon, Orléans. — La prime de Colbert. —
Révocation de l'Édit de Nantes. — Émigrations. — Le métier
Jacquard. — Statistique. — Étymologie. — Le pouvoir d'un Apo-
logue chinois. — (Ly-Hong, Hang-Ry, Su-Ly, etc.). — Offre
de M. Giraud. — *Une des libéralités du hasard* (Ottavio Mey.
Découverte du *lustrage* des taffetas). — *Post-scriptum* étymolo-
gique. — Les chemins étranges du Grand-Maître. — Provocation
aux récits, aux allégories, aux légendes, etc. — Révérence officielle et fin.

X

LA SOIE

Le soir est arrivé. La conférence promise, et remise, doit avoir lieu...

C'est bien ce soir que M. Giraud va (enfin !) parler de la *Soie*.

Le causeur sympathique est là, à son poste, armé de documents et de livres, et il commence à s'étonner.

Il y a de quoi ;... il est seul !

Pourtant il renfonce son étonnement ; car il se souvient qu'un jour, lui aussi, il s'est fait attendre. Donc, résigné comme il convient à un coupable, il attend de même, prenant le mieux possible son impatience... en patience.

Tout cela ne dure pas longtemps. Des bruits de pas se font entendre. Un doigt, plus espiègle que discret, frappe cérémonieusement à la porte.....

— Entrez, parbleu ! répond le bon vieux professeur ; vous êtes chez vous.

Aussitôt la porte s'ouvre, et, par ses deux battants, se précipite le plus complet des auditoires.

C'est un groupe nombreux, dans lequel les femmes sont en majorité.

Instantanément les siéges sont envahis... Chacun est à sa place.

Quoique son personnel se montre à peu près dans sa disposition habituelle de recueillement, M. Giraud, sans pouvoir s'en rendre compte, lui trouve quelque chose d'inusité. Il ne remarque rien, ne devine rien, mais...

Tout à coup il voit des regards malins se diriger vers lui, et immédiatement Jeanne et Lucie, n'y tenant plus, partent d'un sonore éclat de rire.

En même temps elles passent rapidement leurs mains sur les plus gros plis de leurs robes, et ce frottement, assez vif, rend un bruit particulier qui n'est pas même inconnu de M. Giraud.

— Allons, maman, fais comme nous, s'écrie Jeanne avec entrain.

Et, sans attendre davantage, elle effleure adroitement de l'extrémité de ses doigts la robe de sa mère, et en tire le même bruit, je dirai presque le même son que de la sienne.

— Ah ! j'entends et je vois, s'exclame M. Giraud, qui s'aperçoit à la fin que chaque dame a... une robe de soie.

— Nous sommes entrées en plein dans votre sujet, j'espère ?

— C'est le cas de le dire.

— Et pas moyen qu'un incident quelconque vienne vous forcer d'en changer.

— Je n'en changerai point. C'était bien arrêté.

— Tant mieux !

— Mais c'est faire beaucoup d'honneur à ma conférence que de l'*illustrer* de vos belles toilettes spéciales, — et me voilà, devant ces robes chatoyantes, contraint de bien traiter ma matière.

— Vous ferez comme toujours. Nos robes ne visent point à cette intention, qui serait tout à fait superflue. Elles sont là parce que, ce soir, nous désirons que vous causiez sur la Soie, mais non parce que nous espérons qu'elles vous en feront causer mieux.

— Néanmoins je me souhaite de subir leur bonne influence.

— Vous la subirez. Et nous, qui sommes là pour en recevoir le contre-coup, nous vous écoutons.

— J'y suis. La découverte de la soie, si l'on veut essayer de remonter à son origine et si l'on accorde quelque croyance à la légende chinoise, nous reporte à une époque terriblement reculée.

— Ah ! ah ! j'entrevois déjà des obscurités, des incertitudes, des nuages.

— Vous ne vous trompez guère. Il ne s'agirait de rien moins que de rétrograder jusqu'à 2000, quelques-uns même disent 2600 ans avant notre ère.

— Pour assister aux débuts de notre industrie ?

— Oui, pour voir l'impératrice de la Chine guettant le travail du ver à soie (*bombyx*), s'emparant du cocon, préparant et tissant le fil précieux qu'elle en retire, puis prenant dans l'intérieur du palais un terrain où elle plante des mûriers, dont elle distribue de temps à autre les feuilles à ses insectes chéris.

— C'est bien beau, pour une souveraine !

— D'autant plus beau que voilà les conséquences de ce travail : bientôt des fabriques s'établirent, et la nouvelle industrie reçut une telle impulsion de cette protection puissante, qu'en peu de temps la Chine, jusque-là habillée de peaux des pieds à la tête, se trouva métamorphosée et toute brillante sous ses nouveaux vêtements.

— C'est un vrai bienfait pour une nation.

— Mais c'est joliment loin pour y aller voir !

— Après tout, chères Dames, si vous voulez suivre d'autres autorités, vous avez Aristote et Pline, qui font honneur de la découverte et de l'emploi de la soie à Pamphilie, fille de Platis, et habitante de l'île de Cos.

— Bon ! pour inventeurs, voilà que nous avons encore deux femmes !

— Et, si je me rappelle bien, l'une d'elles, l'impératrice de la Chine, a déjà été mentionnée dans votre causerie sur l'*Art de filer?*

— Vous avez bonne mémoire. L'exiguité de mon cadre, quoique je l'agrandisse aujourd'hui, ne me permettra pas d'aborder l'histoire du ver à soie, de le prendre à son état de petite chenille noire, de le voir traverser ses quatre phases maladives, pour arriver enfin à son nouvel état de chrysalide blanchâtre, époque à laquelle on termine sa vie en l'étouffant, attendu que le moment de l'opulente récolte est venu.

— Ah ! et pourquoi l'étouffer, cette pauvre bête ?

— Parce que, si on le laissait vivre, le papillon, pour sortir, percerait le cocon, qui alors serait perdu.

— Comment cela ?

— Le trou par où le beau lépidoptère aurait pris sa volée, couperait la soie, et l'on n'aurait que des débris de la longueur du doigt, une vraie charpie, au lieu d'un fil de 600 à 700 mètres de long, que le cocon donne d'habitude.

— Je comprends la différence...

— Et la dure nécessité.

— Sans ce moyen extrême, vous n'auriez pu mettre vos belles robes, ce soir.

— J'en conviens.

— Malgré l'ancienneté de cette industrie chez les Chinois, les autres peuples furent longtemps à l'ignorer. Mais, aussitôt que les Romains, par suite de leurs conquêtes, furent en contacts fréquents avec la Phénicie, la Syrie et la Perse, les soieries eurent un grand succès à Rome. Ils n'avaient pas l'ombre de la connaissance de la chose, par exemple ! Origine et nature de la soie, ils ne savaient rien de cela. Ces ignorants, tout en la recherchant avec une certaine avidité, la croyaient un duvet naissant sur les feuilles de certains arbres, une espèce de laine ou de coton. Cependant, malgré les fabriques qui commencèrent à s'établir sous Auguste, les produits étaient encore d'un prix si élevé que les empereurs eux-mêmes hésitaient à s'en servir.

— Vraiment ?

— Oui, Mesdames, Aurélien, qui devait être un souverain bien économe, refusa impitoyablement une robe de soie à sa femme...

— Sous prétexte ?...

— Que l'étoffe en était trop chère : — « Dieu me garde, répondit-il aux plus pressantes instances conjugales, de payer un fil au poids de l'or ! »

— C'était bien la peine d'être impératrice... pour qu'on vous dise qu'une robe de soie est au-dessus de vos moyens !

— Quand j'ai défraîchi les miennes, je les passe à ma bonne...

— Ainsi, Marguerite, vous qui n'êtes pas coquette, sans avoir l'air d'y toucher, vous êtes mieux mise que la femme d'un empereur romain !

Là-dessus, Marguerite ne peut mieux faire que d'être émue... Aussi elle se lève, et met tout son talent à dessiner une pittoresque révérence.

— Ce n'est qu'en 220 que le très-prodigue Héliogabale se permit de porter, le premier, une tunique de soie... et je vous réponds que ce dut être un grand crime aux yeux du peuple romain.

— Si, telles que nous voilà, nous étions dans l'ancienne Rome, nous y serions fort mal vues, alors ?

— Probablement ; notre confortable ne serait ni compris, ni accepté par ces rudes vainqueurs. Dans le vi° siècle, le monopole exercé par les caravanes perses, qui exportaient la soie de la Chine, la maintenait encore à des prix fabuleux. Justinien, qui voyait plus loin qu'Aurélien, résolut d'affranchir l'Occident de ce tribut.

— De quelle manière s'y prit-il ?

— Dans sa ville arrivaient deux moines, après un long séjour parmi les Chinois, dont ils avaient pénétré le secret. Il les fait venir près de lui, et reçoit d'eux des communications importantes. Il voit en eux le désir de doter leur pays de cette richesse. Il les encourage, et les charge de retourner dans le vaste Empire, pour en rapporter de cette graine vivante, qui doit répandre le bien-être là où l'on sait la féconder.

— Et les moines retournèrent ?

— Certes. Et ils opérèrent si bien que l'Europe fut enrichie par eux d'une de ses plus grandes industries.

— Ils durent éprouver de nombreuses difficultés ?

— Ils furent adroits d'abord, et ensuite persévérants. Si vous le voulez, je puis vous lire une petite page, qui vous donnera, avec quelques détails, l'historique du fait ?

— Nous vous en supplions.

— J. Peuchet dit donc : « L'empereur Justinien, désirant affranchir le commerce de ses sujets des exactions des Perses, s'efforça, par le moyen de son allié, le roi chrétien d'Abyssinie, d'enlever aux Perses une partie du commerce de la soie. Il ne réussit pas dans cette entreprise; mais, au moment où il s'y attendait le moins, un événement imprévu lui procura jusqu'à un certain point la satisfaction qu'il désirait. Deux moines perses, ayant été employés en qualité de missionnaires dans quelques-unes des églises chrétiennes qui, comme le dit Cosmas, étaient établies en différents endroits de l'Inde, s'étaient ouvert un chemin dans le pays des Sères, ou la Chine. Là, ils observèrent les travaux du ver à soie, et s'instruisirent de tous les procédés par lesquels on parvenait à faire de ses productions cette quantité d'étoffes dont on admirait la beauté. La perspective du gain, ou peut-être une sainte indignation de voir des nations infidèles seules en possession d'une branche de commerce aussi lucrative, leur fit prendre sur-le-champ la route de Constantinople. Là, ils expliquèrent à l'empereur l'origine de la soie, et les différentes manières de la manufacturer et de la préparer. Encouragés par ses promesses libérales, ils se chargèrent d'apporter dans la capitale un nombre suffisant de ces étonnants insectes, aux travaux desquels l'homme est si redevable. En conséquence ils remplirent de leurs œufs des cannes creusées en dedans; on les fit éclore dans la chaleur d'un fumier, on les nourrit des feuilles d'un mûrier sauvage, et ils multiplièrent et travaillèrent comme dans les climats où ils avaient attiré pour la première fois l'attention et les soins de l'homme. On éleva bientôt un grand nombre de ces insectes dans les différentes parties de la Grèce, et surtout dans le Péloponèse. Dans la suite (en 1130), et avec le même succès, la Sicile essaya d'élever des vers à soie, et fut imitée, de loin en loin, par diverses villes d'Italie. Il s'établit dans tous ces endroits des manufactures considérables, dont les ouvrages se faisaient avec la nouvelle soie du pays. On ne tira plus de l'Orient la même quantité de soie; les sujets des empereurs grecs ne furent plus obligés d'avoir recours aux Perses pour s'approvisionner, et il se fit un grand changement dans la nature des rapports commerciaux de l'Europe et de l'Inde... »

— A la bonne heure ! Voilà deux moines auxquels nous devons, certes, de la reconnaissance.

— Et l'empire grec aussi. Toute cette région, vous l'avez vu, se couvrit de mûriers, et l'industrie de la soie y prit une grande extension.

— Ensuite ?

— Ensuite ce fut à Palerme que cette industrie prospéra. Roger, premier roi de Sicile, après avoir saccagé la Grèce en 1147, choisit, pour les emmener captifs chez lui, les plus habiles ouvriers en soie, et Palerme leur dut ses meilleures fabriques. De là, cet art se répandit à Venise, Florence, Lucques, Milan, etc. A peu près vers le même temps (les auteurs varient, et par conséquent on ne peut préciser), la fabrication de la soie fut connue en Espagne, où les Maures l'apportèrent d'Orient.

— Où était la prédominance, à cette époque ?

— Pendant une grande partie du moyen âge, c'est Séville qui a rivalisé avec la Chine pour les soieries. Les Arabes espagnols, sautant par dessus les défenses du Coran, affectionnaient beaucoup ces étoffes. A la chute de Grenade, cette ville comptait au moins 5000 tours à tordre les soies. Au xiiie siècle, les papes font une espèce de tentative en introduisant quelques vers à soie dans le comtat d'Avignon. En 1428, Jean de Médicis moribond s'affligeant, en vieux Florentin, de la décadence des fabriques de laine, dit à ses enfants : «... Je pars content ; mais je le serais encore davantage si je ne vous voyais pas *donner dans la soie (se in seta non vi vedessi entrare)*, » ce qui prouve l'introduction de la soie en Toscane. Mais Louis XI, en 1480, fit davantage en encourageant des ouvriers vénitiens, et fondant avec leur aide les magnifiques manufactures de Tours : « Et il n'y a, dit Thibaudt le Pleigny, ville pour ce jourd'hui en chrestienté, où il se fasse tant de drap de soie que en la dicte ville et faux-bourg de Tours. » Tours possédait 8000 métiers.

— Et Lyon, le grand centre actuel ?

— Des lettres-patentes du même roi avaient bien ordonné, en 1466, d'établir à Lyon des métiers à tisser la soie ; mais c'est seulement de 1520, sous François Ier, que date la célèbre industrie de ce pays, — où se réfugièrent des ouvriers lucquois, florentins, milanais, etc., chassés par les luttes des Guelfes et des Gibelins.

— Et que d'autres luttes chasseront à leur tour.

— Nous touchons, n'est-ce pas, demande madame Ducamps, à l'époque des premiers bas de soie de Henri II, signalés dans votre coup d'œil sur le *Tricot?*

— Oui, pour les noces de sa sœur, en 1559. Certains chroniqueurs voudraient que ce fût pour son sacre, le 25 juillet 1546; mais je crois qu'il y a lieu de s'en tenir à la première version.

— Henri IV figure-t-il dans les fastes de la soie?

— Je le crois bien. Il eut même, à ce sujet, maille à partir avec son excellent Sully, qui, vous le savez, le malmenait de toute la profondeur de son affection. Le grand économe, ne comprenant rien à cette chose nouvelle, lui était fort hostile, et traitait de *babioles* « toutes les soyes et manufactures d'icelles, qui jetteroient son État dans le luxe et l'excessive dépense, qui ont toujours esté les principales causes de la ruyne des royaumes et républiques. »

— C'est curieux!... Comme, parfois, certains bons esprits se trompent!

— Le roi tint bon. Il entrevoyait mieux les résultats de cette opulente industrie de la soie, « ob-

tenue, comme le disait Olivier de Serres, au moyen
de vers qui la vomissent toute filée ».

— Et le Béarnais l'emporta-t-il ?

— En sortant de l'Arsenal, où la bataille assez
chaude s'était livrée, Henri IV fait venir près de lui
Olivier de Serres, — qui avait dédié au corps mu-
nicipal un traité de *la Cueillette de la Soie*, et devait faire la fortune de son cher et pittoresque Vi-
varais, — et lui donne l'ordre de planter des mûriers
blancs dans ses maisons royales, d'en mettre 20,000
pieds dans les jardins des Tuileries, et de consacrer
l'orangerie du palais à l'élevage des vers.

— Ah ! je ne savais pas que nous eussions eu là
une magnanerie.

— Et Sully, l'austère et obstiné Sully lui-même,
qui avait fini par se rendre, en fonda une à Rosny.

— Je me raccommode avec lui.

— Le commerce des soies acquit bientôt une
grande importance, principalement à Paris, Lyon,
Orléans et Tours. Sous Louis XIII, cette dernière
ville occupait à ses métiers plus de 25,000 ouvriers.
A cet élan, imprimé par Henri IV, Colbert, une fois
en pied, voulut en ajouter un nouveau.

— Pour cela que fit-il ?

— Il eut l'idée d'accorder un franc de prime par
mûrier aux agriculteurs de bonne volonté. Nos fabriques florissaient donc. Celles de Lyon, fondées

par les frères Masciany, comptaient près de 12,000 métiers en 1680, quand la fatale révocation de l'édit de Nantes (1685) faillit les ruiner par la proscription de plus de 10,000 familles. On évalue à plus de 600,000 le nombre d'ouvriers protestants atteints dans toute la France...

— Et qui se réfugièrent à l'étranger ?

— En Angleterre, 50,000 ; en Allemagne, presque autant, et ainsi de suite en Suisse, en Hollande, en Autriche, etc. De la sorte ces diverses nations s'enrichirent de nos pertes. Mais, à la longue, tout mal se guérit. Il devait être donné à la France, après plusieurs oscillations et phases tourmentées, de l'emporter, un peu plus tard, sur toutes ses rivales.

— Par quel événement ?

— Par l'inappréciable découverte d'un homme simple et presque méconnu de son temps, par l'apparition du mécanisme qui mettait un terme aux fatigues si funestes des ouvriers, par le métier Jacquart.

— En effet, l'industrie, à la marche parfois lente, doit à cet inventeur un de ses plus beaux progrès.

— Aujourd'hui l'on compte en France de 100 à 150 mille métiers tissant la soie (tant à Paris qu'à Lyon, à Avignon, dans la Picardie, etc.). En 1835,

Lyon seul fournissait pour plus de 142 millions de fabrication.

— C'était déjà joli!

— Qui sait à quel chiffre ce travail s'élèverait si, au lieu d'être persécuté, Jacquart eût, dès l'origine de son invention, trouvé l'aide et l'encouragement de ses compatriotes!

— C'est vrai. Terrible chose que ces persécutions, ou au moins ces indifférences!

— Voilà, dit Lucie, l'historique de notre industrie amenée très-près de nous. Je vous ai laissé dire sans vous interrompre, passant forcément sur bien des détails, pour ne pas vous sortir de vos limites. Mais...

— Ah! ah! s'écrie le conférencier, gare au *mais* de Mademoiselle Lucie!

— Mais, reprend-elle, je n'en avais pas moins une grande envie de formuler ma demande.

— Il faut vous la passer.

— Bon! Alors, voici. D'abord, comme d'usage, l'étymologie du mot *soie*.

— *See*, répond avec volubilité M. Giraud; *see* en chinois; *sericum* en latin; *seta* en italien...

— Suffisant! parfait! Maintenant, au second point. Au début de votre causerie, vous nous avez parlé de « légende » chinoise...

— Je vous ai déjà devinée, chère Demoiselle. Juste

je vous tenais en réserve, non pas une légende des temps primitifs, mais une fantaisie écrite à la fin du siècle dernier par un de nos plus honnêtes littérateurs (L. P. Bérenger). Ce morceau, qui contient une soi-disant légende, est curieux, et les allusions, quoique à demi voilées et confuses, y sont assez saisissables pour que je n'aie pas de commentaire à y joindre... ce qui sera autant de gagné pour vous. Je vais vous le lire à peu près en entier. Écoutez ces trois ou quatre pages :

LE POUVOIR D'UN APOLOGUE CHINOIS.

Un despote de la Chine (dynastie des Tartares), venait de lancer un édit foudroyant contre une ville de l'intérieur, très-manufacturière, et appelée, je crois, Ly-Hong. Elle avait désobéi, disaient les militaires, à je ne sais quelle proclamation relative aux droits d'un orphelin royal, et mérité, selon eux, d'être *démolie, foudroyée, anéantie*. Ce sont les termes mêmes du décret impérial, consigné dans le grand livre de soie aux trois couleurs.

La rage de la vengeance, ou, pour mieux parler, la soif du butin, fut telle qu'en peu de semaines les maisons furent détruites, les métiers à soie brûlés, les étoffes (velours, satin, brocards, lampas, taffetas et rubans) furent enlevées, vendues, revendues, avec

les meubles, et jusqu'aux nippes des malheureux
fabricants qui s'enfuirent dans le Japon, et jusqu'au
Kamtchastka, pour éviter d'être empalés, noyés ou
mitraillés en masse, comme coupables de lèse-ma-
jesté au premier chef.

Si les maux des citoyens furent immenses, le
dommage public n'en fut pas moins incalculable;
mais il fut défendu, sous peine de mort, de demander la grâce de ces *rebelles*, et de réédifier l'asile
du Commerce et de l'Industrie, dont la barbarie et
la démence avaient fait un épouvantable monument
de désolation.

Le commerce était mort. La douane s'en ressen-
tait. L'agriculture allait arracher ses mûriers, et
l'impôt territorial n'était plus qu'une mamelle sans
lait, comme dit le grand Su-Ly, lorsque le despote,
un jour que la plainte publique commençait à trou-
bler sa triste apathie, rencontra dans les jardins le
gouverneur de son fils, le sage Y-u, occupé, dans ce
moment, à corriger un Apologue du prince présomp-
tif *Paronteba*.

A l'instant ils se prosternèrent, et le père, s'étant
assis sur des coussins d'édredons, prit sa pipe de
jasmin, longue de deux aunes, et leur ordonna de
se relever et de lire, en présence des Mandarins
lettrés (luxe de la vieille cour, et qui suivaient le
Tartare dans ses promenades).

10.

Voici cet Apologue, dont le sujet est tiré des *Leçons héroïques* de Confucius :

« Un fameux jardinier de l'île Formose fut appelé par le grand Hang-Ry, pour réformer ses jardins, et les traiter dans le goût japonais.

« Cet ignorant, ne connaissant ni le sol, ni le ciel du continent près le fleuve Jaune, se mit à proscrire les plantations indigènes, et généralement tout ce qui étonna ou offusqua ses regards.

« Les vastes jardins du Palais étaient grands comme une province ; des chaînes de monts les bordaient. On y avait enserré des fleuves peuplés de poissons rouges, et planté des forêts de tuya, de thé, de saules pleureurs et de mûriers blancs.

« Ces derniers arbres offraient de tous côtés des massifs hauts et profonds, tout couverts en ce moment de vers industrieux qui les chargeaient d'œufs d'or et d'argent, semblables aux bois des îles Fortunées.

« Le jardinier s'avance pour reconnaître ces allées à perte de vue. Le vent lui en porte sur le visage les fils légers, et le voilà qui obtient du premier Mandarin, non la permission, mais l'ordre exprès d'exterminer, d'écraser, de brûler, d'anéantir cette race de chenilles incommodes, insolentes, qui obscurcissent l'air par des myriades de papillons. L'histoire dit que le Mandarin avait reçu cent tonnes de poudre d'or des Japonais insulaires, qui aspiraient au commerce exclusif de la Chine, et que la ville de Ly-Hong, la deuxième de l'empire pour la splendeur et l'industrie, était surtout l'objet de leur jalousie.

« Le décret foudroyant part comme l'éclair, et sur-le-champ cinquante mille bras *d'esclaves* sont employés à abattre les mûriers blancs, et à écraser les cocons et les œufs de nos ouvriers en soie.

« Confucius, qui ne ment jamais, quoique philosophe et législateur, ajoute qu'un de ces vers, qu'anime tout à coup une industrie divine, reçut de Fo-Hi le don de la parole, en voyant avancer l'empereur, et lui dit :

— « Pourquoi as-tu franchi la grande muraille, et « conquis ces régions, pour nous traiter si mal ? « Nous sommes la première source des richesses par « qui tu soldes les troupes de ton armée. Nous avons « filé le riche manteau de pourpre et l'écharpe qui « te décorent. Sans nous, tu serais vêtu comme tous « tes sujets, qui sont couverts d'une laine brune et « grossière. Sache que nous sommes les seuls ou- « vriers de la soie, et que le satin de tes pelisses, le « velours qui borde la toge des Mandarins, le damas « qui tapisse tes canapés, la gaze qui voile et em- « bellit tes femmes, les houppes enfin qui ornent le « front des juments tartares qui ont conquis avec toi

« le plus vaste et le plus populeux empire de l'uni-
« vers, peuvent être appelés nos ouvrages. Les ma-
« nufactures de la ville de Ly-Hong font rentrer net
« dans tes coffres soixante millions de pièces d'or, à
« ce que m'a dit mon grand-père, élevé dans les
« appartements de la princesse Idamé... »

« A ces mots transparents, l'empereur embrasse
son fils, et lui dit :

— Paronteba, ton Apologue m'éclaire, et va ré-
« parer une grande injustice. Cours avec ton gou-
« verneur, que je crée Mandarin, dans la ville de
« Ly-Hong; rappelle les habitants proscrits, relève
« ses remparts; fais sortir ses ateliers de leur
« ruine... Dis-leur qu'au lieu de dix mille métiers,
« je veux qu'il y en ait le double. Accorde à tous
« les malheureux dont on a démoli les maisons,
« de justes indemnités, l'exemption des impôts, et
« des espérances égales à leur malheur. Je voue à
« l'exil, et je consigne à l'exécration des siècles,
« leurs détestables délateurs, et je veux qu'une paix
« honorable et profonde rende bientôt les Manu-
« facturiers et les Agriculteurs, premiers citoyens
« de l'Empire Chinois. »

« La ville de Ly-Hong manifesta l'expression de sa
joie et de sa reconnaissance à l'invincible et généreux Paronteba. Elle lui frappa une médaille d'or;
elle donna son nom à la plus belle de ses places,

dont les édifices sortirent tout à coup de terre comme par enchantement.

« Les Poëtes de Pékin célébrèrent cette époque heureuse en vers chinois, qui furent lus au peuple le jour de la fête de l'Agriculture ; les Ministres du Culte *le déclarèrent fils de Confucius,* c'est-à-dire sage et vaillant, et ils ajoutèrent à la médaille cette inscription :

— « A celui qui nous a sauvés ! Au réédificateur « de Ly-Hong ! Au brave, au généreux par qui « toutes les libertés ont été rendues à la grande « Nation !... »

— A la bonne heure ! s'écrie Jeanne ; cela peut au moins compter pour une citation !

— Bien imprégnée de la couleur du sujet, surtout.

— On trouverait pas mal de choses à y démêler, dit madame Ducamps ; mais le moment serait inopportun. Constatons seulement la singularité du littérateur lyonnais.

— Et, reprend M. Giraud, que diriez-vous, chère Dame, si, trouvant que les robes de soie ont été fort sages ce soir, je vous demandais la permission de les récompenser... tout à fait à ma manière ?

— Comment donc ?

— J'ai un dernier point à vous signaler dans l'historique de votre industrie.

— Lequel ? Peut-être le filage de la soie de certaines araignées, dont ma cousine me parlait un jour?

— Non; je n'allongerai pas la séance en vous parlant de cette tentative, qui n'a pas abouti. Le point que je veux dire est le lustrage des soies.

— Eh bien?

— Je l'ai narré jadis, cet épisode, en le revêtant d'une forme qui contrasterait un peu avec l'allure habituelle de mes conférences...

— L'auriez-vous fait trop savant?

— Au contraire; je l'ai développé, dramatisé.

— Si vous ne craignez que pour l'étendue, rassurez-vous. Cette révélation attise notre curiosité.

— C'est encore une bonne petite lecture, alors?

— Oui, Mesdames. Je me suis permis de me croire littérateur; mais je vais remettre ma réputation entre vos mains... Si je n'ai pas su raconter mon aventure, arrêtez-moi.

— Très-bien! Et vous, monsieur Giraud, préparez-vous le verre d'eau sucrée afin de pouvoir aller jusqu'au bout de votre récit, que nous vous prions de commencer.

— Notre conférence, de la sorte, comptera presque pour deux; mais enfin j'obéis. Vous dont l'esprit curieux aime à connaître l'origine secrète des choses, écoutez-moi donc. Je commence :

UNE DES LIBÉRALITÉS DU HASARD.

Nous nous reportons à la moitié du XVIIe siècle.

Nous passons dans une des rues étroites et fangeuses de la seconde ville de France, de Lyon, que François Ier, puis Henri IV dotèrent de ses riches manufactures de soie.

C'est le matin.

Dans une des boutiques de cette rue se promène lentement un homme, à la figure intelligente, à la physionomie respirant la probité, mais qui semble absorbé dans une préoccupation très-grande. A le voir, rêveur et déconcerté, on ne peut se méprendre sur la tristesse de ses pensées. Tantôt il marche en soutenant son menton de son poing fermé, tantôt il s'arrête, et laisse tomber ses bras avec un geste de désespoir. Puis, lorsqu'il a tenu un certain temps les yeux à terre, il relève la tête, parcourt du regard les rayons peu garnis de son magasin de soieries, et se désole de nouveau après en avoir fait rapidement une espèce d'inventaire...

— Non, s'écrie-t-il avec amertume, non, je ne peux plus tenir longtemps ! me voilà arrivé à la fin de mes ressources, et, si aucune main ne se tend pour me retenir, je roule au fond du précipice !...

Oh! déplorable destinée! singulière récompense de la conduite et de la probité!... Je n'ai eu qu'un système dans ma vie, je n'ai qu'un désir en ce moment, je n'aurai qu'un bonheur dans l'avenir : faire honneur à mes affaires, et l'indélicatesse, la déloyauté des autres viendront m'en empêcher, en apportant une tache à mon nom! Des correspondants sans bonne foi, des clients sans droiture luttent contre mon crédit, et, pour surcroît, je suis individuellement écrasé sous mille circonstances fâcheuses!... Certes, la mauvaise fortune est au bout de tout cela... Mais, prenons garde! ne pensons pas si haut; les murs, comme on dit, ont des oreilles, et si le commerce de Lyon allait se douter. . je serais perdu. Par bonheur que c'est encore un mystère... Jusqu'à ce que je sois forcé de divulguer ma honte, je veux être... et je serai... maître de mon secret...

Le marchand fait là une courte pause.

L'accablement dans lequel il était plongé semble avoir en partie disparu. L'énergie de la volonté lui redonne un peu d'animation, et il marche un instant comme un homme décidé.

Seulement la décision n'ôte rien à la couleur de ses pensées.

—Oui, reprend-il, je garderai mon secret; mais la chose finira toujours par se savoir. Un peu plus tôt, un peu plus tard, il faudra toujours que j'arrive au déshonneur, à la misère!... Et, alors, que deviendrai-je? que ferai-je de ma femme et de mes enfants? Plus de bien-être pour l'une, plus d'avenir pour les autres... Quelle existence! Oh! dire qu'on n'a pas assez de force pour soutenir les êtres qu'on chérit!... dire qu'il faut voir le malheur vous frapper, et qu'on ne peut que croiser tristement les bras devant ce malheur!... Peut-on vivre ainsi, et mourir ne serait-il pas préférable?

L'animation du marchand augmentait. Ses dernières paroles s'imprégnaient d'une émotion de plus en plus pénible.

Il allait et venait dans sa boutique, passant des rayons au comptoir, du comptoir aux registres, et se persuadant que les circonstances qui pesaient sur lui devaient fatalement déterminer sa chute. Ses mains agitées et distraites étalaient des marchandises, parcouraient les feuillets de ses livres, touchaient à mille objets.

— Ah! bah! s'écrie-t-il tout à coup; j'aurai beau me creuser la tête et me mettre l'esprit à la torture, je n'éclaircirai rien de plus... ou, pour mieux dire, ajoute-t-il avec un sourire mélancolique, c'est bien assez clair comme cela!... D'ici quelque temps je serai le sujet de toutes les conversations; les moins méchants m'accorderont une pitié dédaigneuse; les autres me déchireront, en ayant l'air de me plaindre... Oh! je fuirai, je quitterai cette ville; je ne veux pas m'exposer, moi et ma famille, aux sarcasmes piquants des voisins et des amis. J'irai chercher, fût-ce dans un obscur village, un abri contre ces coups d'épingle mortels que me lanceront charitablement mes confrères... O mon Dieu, je n'ai donc plus de secours à attendre de toi?... Quel crime ai-je donc commis pour être ainsi abandonné de la Providence?...

Après cette explosion douloureuse, notre marchand, cédant de nouveau à la fatigue, suspend ses plaintes. Il s'adosse à un des meubles de son magasin, et garde pendant assez longtemps le silence.

Son cerveau travaillait toujours beaucoup; mais une autre direction donnée à ses idées venait d'éteindre momentanément son ardeur pour le monologue. Une occupation mécanique, et dont il serait sans doute le dernier à se rendre compte, tant elle est chez lui accidentelle, involontaire, et surtout produite par la distraction, l'absorbe tout entier : il tourne, retourne, mâche et macère entre ses dents une petite touffe de soie écrue, que ses doigts fiévreux ont rencontrée par hasard sur le bord d'un tiroir.

A le voir ainsi broyer sous ses molaires son fragment d'écheveau, on le croirait vraiment pris par un travail des plus sérieux, et si on lui demandait ce qui l'occupe, il est certain qu'il répondrait qu'il l'ignore. Il paye son tribut à la faiblesse humaine; il fait comme tout penseur, triste ou profond : il laisse aller son corps à une habitude machinale, à un *tic*, tandis que son esprit voyage et s'élève… peut-être à des hauteurs aussi grandes que son occupation physique est puérile.

Nous ne voulons pas dire, par là, que la pensée de notre pauvre négociant planât à une élévation sublime; mais on n'a pas toujours besoin d'être sublime pour être utile, — et vous allez voir que la Providence, qu'il accusait tout à l'heure d'abandon, avait précisément des vues sur lui pour faire avancer d'un pas l'Industrie, cette puissance qui ne progresse jamais qu'au prix des tortures de ses inventeurs.

Après avoir mâchonné pendant un bon moment, et toujours plongé dans son absorption, il rejette enfin d'entre ses dents sa touffe de soie écrue.

L'écheveau, tourmenté et broyé, tombe près de lui, sur le pavé.

Son regard, toujours rêveur, s'y arrête fortuitement et sans le vouloir… C'est là que la Providence l'attendait.

Il n'a pas plutôt vu cet objet qu'il vient de lancer de sa bouche à terre, qu'une commotion le frappe. Il sort soudainement de sa rêverie et se frotte les yeux, ne sachant s'il se trompe.

Il se baisse, ramasse avec empressement la touffe prédestinée, et ne se lasse pas de l'examiner. Il la tourne et la retourne entre ses doigts avec non moins d'ardeur qu'il en avait mis à la retourner entre ses dents...

Un éclat extraordinaire, et sans précédents jusque-là, brille sur l'ensemble des fils.

Le négociant s'extasie :

— Quel lustre ! s'écrie-t-il dans son enthousiasme.

Puis, réfléchissant :

— Mais, se demande-t-il avec une vive curiosité, comment cet effet s'est-il produit?

Et, comme il était instruit et capable d'utiliser son instruction, il médite sur ce phénomène.

À force de méditer, et se rappelant les circonstances au milieu desquelles s'était développée cette singulière opération, il en vient à se dire ceci :

— Cette touffe de soie était *écrue*. Je l'ai *macérée* entre mes dents, à travers une *liqueur visqueuse* (ma salive), et dans un endroit d'une *chaleur modérée* (ma bouche). En reproduisant ces causes, j'arrive à un effet analogue, et, en donnant de l'extension à l'expérience, j'obtiens de magnifiques résultats...

Déjà il se promène à grands pas et avec une indicible satisfaction :

— Oui, oui, ajoute-t-il, je trouverai ce qu'il me faut, et j'enrichirai ma patrie d'une découverte.

Merci, mon Dieu! Pardonnez-moi d'avoir désespéré
de vous, et juste au moment où vous tendiez la main
à votre serviteur!... Ces données de la nature sont
éloquentes; elles me serviront... Oh! non; maintenant je n'ai plus peur. Mon commerce vivra! Maître
encore de mon secret, je ne verrai personne soup-
çonner mes craintes. Je vais chercher, je vais travailler,... et je me trompe fort, ou je sortirai ma
famille de la gêne qui lui pèse... O ma femme!...
ô mes enfants!... en songeant à vous, je bénis le
ciel... J'ai encore de beaux jours à vous préparer!!!...

Puis, après un moment de repos et de joie concentrée :

— Oh! mais, quel lustre! reprend-il en contemplant de nouveau sa soie métamorphosée... Si ma
tentative réussit, j'espère que j'aurai des taffetas
magnifiques!... Et, puisque je suis revenu à mon
expression de *lustre*, eh bien! mes taffetas seront
des *taffetas lustrés!*...

Et c'est, en effet, le *lustrage* des taffetas, ce qu'on
appelle leur *donner l'eau*, que l'industrie dut à la
découverte d'Ottavio Mey, qui par là rendit célèbres
les manufactures lyonnaises, et acquit personnelle-
ment une fortune immense et des mieux méritées.
(Lorsqu'il mourut, en 1690, il laissa une des plus
riches et des plus curieuses collections d'objets rares

et d'antiques. Le fameux bouclier, dit *Bouclier de Scipion*, transporté depuis au cabinet des Médailles, faisait partie de ces choses remarquables).

Le professeur s'arrête :

— Chères Dames, mon histoire est terminée. Seulement un petit *post-scriptum* pour vous éviter la peine de m'adresser une question.

— Dites.

— Le mot *taffetas* n'a point d'étymologie. C'est une onomatopée, imitant « le bruit que fait l'étoffe quand les plis en sont frottés les uns contre les autres : *taffe-taffe.* » Un livre des premiers temps de l'imprimerie, intitulé : *les Fous du monde*, dit que : « les dames portaient des ceintures de *taffe-taffe.* » Jadis on écrivait ce mot : *taffetaf.*

— Bravo! monsieur Giraud! Une autre fois nous saurons à quoi nous en tenir sur vos craintes.

— Votre récit est charmant.

— Et d'un vif attrait.

— Il montre combien sont puissantes les vues du Grand Maître, et par quels chemins étranges, imprévus et invisibles à nos yeux, il sait arriver à ses fins.

— La touffe de soie *écrue, mâchée* distraitement et *lustrée* par Ottavio Mey, est une manifestation éclatante du doigt de Dieu.

— Et clôt d'une façon merveilleuse votre conférence...

— Un peu trop longue, peut-être? demande avec
une certaine timidité le bien-aimé professeur.

— Un peu plus longue que les autres, oui, réplique
madame Ducamps; mais, par cela même, d'autant
plus intéressante. J'en appelle à tout le monde.

Tout le monde allait répondre...

— Chut! interrompt une voix doucement magis-
trale. Allons, cher auditoire, il est tard. A la prochaine réunion!

— Ah! s'écrie tout à coup Lucie avec une douleur comique; moi qui voulais...

— Quoi donc?

— Monsieur Giraud nous dira bien cela en ra-
massant ses livres. C'est très-court. Y a-t-il plusieurs espèces de soie?

— Deux : la *jaune*, et la *blanche naturelle*. Cette
dernière, qu'on nomme *soie sina*, est préférable,
comme force surtout, à la première, — qu'on blan-
chit en lui enlevant l'excès de gomme, la matière
colorante et la cire qu'elle contient. Cette opération
a reçu le nom de *décreusage*. Si nous avions une
autre soirée à joindre à celle qui finit, je vous indi-
querais les variétés commerciales de la soie : *grége,
tordue, ferme, fine, ouvrée, trame double, organsin,
ovale, plate, grenadine, fantaisie, fleuret monté*, etc.;

je vous parlerais de diverses manipulations ; j'irais même jusqu'à vous dire deux mots du « doyen de nos mûriers... »

— Les deux mots ! les deux mots ! s'écrient ensemble Jeanne et Lucie.

— Je vous cite une note d'un excellent ouvrage spécial : « On voit encore dans le Dauphiné des mûriers que l'on croit être de ceux de la première origine. Le plus remarquable est celui d'Allan, que la tradition dit avoir été apporté lors de la dernière croisade. Ce doyen de nos mûriers est entouré d'un mur qui en protége le pied et le tronc ; il est divisé en trois énormes branches, dont les extrémités se couvrent encore de feuilles et de fruits... »

— Il est tard, redit la douce voix.

— Vous savez, monsieur Giraud, dit Jeanne, quand vous aurez des récits, des allégories, des légendes, des petits drames dans le genre de ceux d'aujourd'hui, il ne faudra pas vous gêner. Nos oreilles et nos esprits seront tout à vous.

Le professeur, charmé de voir que, malgré la longueur de la séance, il n'avait point ennuyé, promit ce qu'on voulut, et, — après une révérence générale et parfaitement exécutée de toutes les robes de soie, — chacun se retira.

XI

L'ACAJOU

SOMMAIRE

—

XI

L'ACAJOU

La famille sympathique est de nouveau réunie dans la salle d'automne.

Cette fois, nul épisode ne s'est produit, rien d'accidentel n'a déterminé le choix du sujet de la conférence. Personne ne peut entrevoir de quoi il va être parlé.

On a si fréquemment, déjà, fait changer le programme du complaisant professeur, qu'on n'ose pas toujours avoir cette hardiesse. On attendra donc, aujourd'hui, le thème qu'il plaira à M. Giraud de choisir.

Et, d'abord, il faut que M. Giraud arrive...

Chut ! le voilà qui entre.

Il a bientôt pris sa place accoutumée.

Les regards curieux l'entourent, cherchent à voir

s'il apporte avec lui quelque objet qui mette sur la voie, qui fasse deviner...

Rien ! M. Giraud n'a absolument rien... qu'un tout petit cahier à la main.

Ce n'est guère ! Et si plus tard le cahier doit dire, pour le moment il n'a pas d'éloquence anticipée.

C'est donc bien prouvé ; on ne sait pas ce qui se tient en réserve dans ces feuillets mystérieux...

Mais on a confiance.

Le professeur, lui, prépare tranquillement son verre d'eau, et, tandis qu'il tourne avec méthode sa cuiller pour faire fondre son sucre, il prend la parole :

— Chères Dames, dit-il, ces jours derniers, embarrassé du choix, je ne savais trop à quel sujet m'arrêter pour aujourd'hui.

— Vous n'en manquez pas, cependant.

— Non, certes. Aussi, en ouvrant la bibliothèque du fond, une idée, — qui aurait pu me venir à propos du premier rencontré de vos charmants coffrets, — m'est venue.

— Ah ! voyons.

— Elle est d'un acajou splendide, cette bibliothèque : des veines, des nœuds, des zones, des gerbes, des panaches, des racines, et puis des tons, des ombres, des éclats, des transparences ;... on dirait des flammes qui surgissent, ou des lumières

qui miroitent à travers ces panneaux pleins d'effet et
de fantaisies.

— C'est vrai qu'elle est assez belle.

— Et, en la contemplant, je projetai...

— Quoi donc, monsieur Giraud?

— De vous raconter l'histoire de la découverte
de ce bois, ou mieux les débuts de son utilisation.

— En effet, nous n'avons guère de notions sur...

— La manière dont l'*Acajou* se vulgarisa?

— Pas le moindre. Et, c'est singulier, je n'aurais
jamais songé à vous demander des détails là-dessus.

— Eh bien, si cela vous plaît, je vais, ce soir,
combler cette lacune?

— Parfaitement.

— Ce sera nouveau pour nous; et pour être attrayant, je n'en doute pas.

— Alors, je vous préviens d'un point avant d'at-
taquer mon histoire.

— Qu'est-ce que ce *point?*

— Comme tout causeur doit le faire, je songe à
varier la forme de mes causeries;... avant tout, il
faut n'être pas monotone. A ma dernière séance,
j'ai remarqué le plaisir que vous preniez au récit
un peu dramatisé de la découverte du lustrage des
soies, et j'ai pris sur moi de procéder encore de
même pour le beau bois de votre bibliothèque... J'ai
un petit manuscrit.

— Bravo ! Se présentant de la sorte, le *point* nous va encore davantage.

— À chacune de vos modifications, cher Monsieur, nous gagnons quelque chose.

— Dieu veuille, Mesdames, que cela marche toujours ainsi ! Plus je vous intéresserai, plus je serai satisfait.

— Aussitôt que vous le voudrez, cher professeur, vous pouvez entrez en matière. Nous attendons votre nouveau narré.

— Prêtez-moi donc attention. Le voici.

Et le professeur lut sur son « petit cahier » :

LE BOIS DU DOCTEUR.

Vers la fin du siècle dernier, un célèbre médecin anglais, le docteur Gibbons, possesseur d'une assez jolie fortune, se faisait bâtir un hôtel confortable dans Covent-Garden.

Il s'occupait de la charpente de son petit édifice, lorsque, un matin, il voit arriver pesamment une voiture qui lui apporte trois ou quatre madriers énormes, d'un bois lourd, foncé et d'une allure remarquablement droite.

D'où cela vient-il ? demande au voiturier le praticien constructeur.

— Je ne sais, monsieur; mais voici un papier qui vous l'apprendra sans doute.

Gibbons ouvre le mot d'envoi, et lit :

« Cher Frère,

« Je reviens des Indes Occidentales. Nous y avons « fait des affaires importantes, et brocanté plu-« sieurs choses nouvelles. Je t'en envoie un échan-« tillon : ce sont de petits morceaux de bois, dont « quelques-uns ont suffi pour lester le navire que « je commande.

. « Comme tu bâtis en ce moment, je pense qu'ils « arrivent à propos, surtout si tu veux que ta char-« pente soit durable.

« A toi de cœur,

« Ton frère,

« W. GIBBONS. »

— Ma foi ! c'est bon, dit le docteur après la lecture de cette lettre. On les utilisera, ses *petits morceaux* de bois... Il ne m'en faudra pas beaucoup de cette dimension pour ma bâtisse.

Et il donne ordre qu'on les dirige là où s'élèvent déjà les premiers murs de sa future demeure.

Il s'y rend, de son côté, et appelle le maître charpentier.

— Goddam ! s'écrie celui-ci, voilà quatre poutres solides !

— N'est-ce pas, Tom ? reprend le docte propriétaire. Aussi tu vas les mettre en œuvre, et me les utiliser sur-le-champ. Demain, je viendrai voir la mine qu'elles auront.

Et il part.

Retenu par ses clients plus qu'il ne l'avait prévu, au lieu de revenir le lendemain, il laisse pendant trois jours monter sa maison sans lui rendre visite.

Enfin il est libre, et accourt aussitôt.

— Eh bien ! Tom, où sont ces fameuses poutres ?

— Absentes, monsieur.

— Comment ! tu n'as pas ?...

— Non, monsieur, je n'ai pas employé vos *petits morceaux* de bois.

— Et pourquoi ? quand je t'ai donné l'ordre ?...

— Il fallait, en même temps, me donner les outils.

— Que veux-tu dire ?

— Que tous les miens se sont édentés sur vos diables d'arbres, sans pouvoir les mordre... Ce n'est pas du bois, que votre frère vous a envoyé ; c'est du fer.

— Alors ? reprend le docteur désappointé.

— Alors, *ni vu ni connu*, répond Tom ; je les ai laissés là. Ils ne courent pas de chance, d'ailleurs ;

on vous a dit, et cela me semble vrai, qu'ils ne pourrissent pas.

Et le lest du navire, les madriers si bien accueillis, furent tranquillement déposés en un coin du jardin, — où ils demeurèrent oubliés pendant longtemps.

Quelques années se passent.

Le docteur n'était pas sans songer parfois à ses troncs magnifiques... et inutiles, et il éprouvait une certaine vexation de ce qu'ils n'avaient encore pu lui servir à rien.

Un beau jour, qu'il avait son maître charpentier sous la main, il l'appelle :

— Dis donc, Tom ?

— Monsieur !

— Je viens de casser ma boîte à chandelles, et j'en ai besoin d'une autre. Pourrais-tu faire le menuisier ?

— Certainement, monsieur, si j'avais du bois propice ; mais je n'ai pas la moindre planchette.

— C'est un peu fort ! Et mes poutres d'il y a trois ans ?

— Ah ! les *petits morceaux* de bois !... Je sais. Vous appelez cela desplanchettes ?... Vous avez donc oublié qu'elles ont cassé tous mes outils ?

— Je sais bien ça. Tu les as... presque ébréchés. Pourtant, je suis sûr qu'avec un peu de bonne volonté tu en viendras à bout. Essaie, pour m'être agréable.

— Si ça peut faire plaisir à monsieur, je veux bien essayer; mais...

— Tom, garde tes *mais* pour quand tu me rapporteras la boîte. Tu es habile; je n'admets pas tant d'obstacles. Commence, et songe que je l'attends.

Tom se met à l'œuvre.

Peu après, il revint vers le docteur :

— Je l'avais bien pensé, lui dit-il; les outils éprouvent encore une notable détérioration.

— Eh bien, Tom, procure-t-en d'autres plus solides, et travaille.

Tom retourne.

Il bougonnait bien un peu; mais, comme il tenait aussi à prouver son habileté, fort *habilement* invoquée, il se munit d'outils plus résistants, finit par entamer les madriers, et vient à bout de confectionner la boîte demandée.

Tout triomphant, il l'apporte.

— A t'entendre, elle était impossible, lui dit Gibbons en la prenant.

— Elle m'a donné... un peu de mal.

— Parbleu! serais-tu donc habitué à obtenir tout sans peine?...

Puis, regardant le meuble avec complaisance :

— Sais-tu, continue-t-il, qu'elle est fort belle, la boîte?

— J'y ai travaillé de mon mieux... Seulement, Williams le menuisier m'a aidé pour le fini de la chose.

— Vous avez eu, tous deux, la main heureuse. Va-t'en prévenir Williams que je vous donne, à tous deux, une nouvelle commande.

— A tailler encore dans les *petits morceaux* de bois? demande Tom à demi effrayé de la perspective.

— Précisément, répond le docteur avec une intention marquée.

— Monsieur y prend goût, il paraît?

— Je crois bien! avec une boîte pareille!... Williams et toi, vous allez m'établir, en y employant toutes les ressources de votre savoir, un bureau complet et taillé sur le plus beau modèle d'aujourd'hui... je vois ça d'avance.

— Ce sera plus long à établir que la boîte à suif.

— Je ne vous presse en rien. Prenez tout le temps nécessaire, et qu'il soit joli, joli.

Williams et Tom se piquèrent d'honneur.

Ils choisirent si bien leurs outils, les manièrent avec tant de dextérité, qu'ils exécutèrent, en quelques semaines, le meuble le plus ravissant que jamais petit-maître d'alors ait pu rêver.

Aussitôt qu'ils y ont mis la dernière main, ils l'ajustent, et se rendent chez le docteur, à qui ils le présentent.

— C'est parfait, mes amis! s'écrie Gibbons enthousiasmé, c'est parfait! Vous voyez qu'il est bon de surmonter des préventions, et de tenter des efforts au lieu de se décourager. Je vais montrer mon bureau à mes amis. Il est certain que j'aurai leurs compliments à vous transmettre... et qui sait ce qui peut en résulter pour vous?

En effet, la duchesse de Buckingham-Shire vient, le lendemain, chez Gibbons. Gibbons n'a rien de plus pressé que de soumettre à son appréciation le travail de ses deux ouvriers.

La duchesse admire le beau meuble.

— Que vous êtes heureux, docteur! lui dit-elle. Vous possédez là une rareté merveilleuse.

— Oui, Madame, répond Gibbons enchanté.

Et, pendant tout le temps que dura sa visite, elle ne cessa de tourner les yeux du côté du bureau si délicieusement réussi.

— Docteur, dit-elle en partant, je vous serai reconnaissante de me donner de quoi m'en faire fabriquer un semblable.

Et le bureau « semblable » fut exécuté par les deux ouvriers, auteurs du premier.

Il fit l'admiration de tous les amis de la duchesse. On ne se lassait pas de contempler ses riches vei-

nures, son poli magnifique, ses teintes si variées,
sa solidité que n'altérait pas la délicatesse du travail... Chacun en voulut le pareil.

Le docteur demanda des madriers à son frère,
qui ne suffit pas à en envoyer, et Tom et Williams
eurent là le commencement d'une clientèle à rendre
jaloux les ébénistes les mieux achalandés.

La fortune de l'acajou était complète, car, il
faut le dire, ce bois, relégué pendant trois ans au
fond du jardin de Covent-Garden, n'était autre que de
l'acajou!...

La persistance du docteur à avoir sa boîte à
chandelles lui avait fait découvrir une source de
richesses, non-seulement pour son charpentier et
son menuisier, mais encore pour les ouvriers de
toutes les nations travaillant cet élément de luxe
devenu indispensable.

La lecture est terminée.

— Et, reprend Lucie, voilà comment l'usage de
ce beau bois s'est introduit en Angleterre?

— Oui, Mademoiselle, réplique M. Giraud; et,
vers le milieu du siècle dernier, il était déjà uni-
versellement employé. Il ne tarda pas à être adopté
dans les différents pays de l'Europe, et, de plusieurs
points, du Honduras entre autres, on vit arriver ce
que le commerce appelle les *billes* d'acajou, c'est

à-dire les poutres de ce bois taillées à la hache.

— Il est peut-être permis de s'étonner, dit Madame Ducamps, aujourd'hui que presque tout le monde a des meubles en acajou, que si peu de personnes connaissent l'histoire de l'arbre qui le fournit.

— Certes, cela ne nuirait jamais de connaître les origines de ce que l'on possède.

— Si vous avez encore quelques détails à nous transmettre, considérez-nous comme une partie des ignorants, et apprenez-nous tout ce que vous voudrez sur votre bois.

— On en signale particulièrement deux espèces : — l'une est l'*acajou à planches*, de Cayenne (*maurepasia*) ; — l'autre est l'*acajou à pommes*, ou *pommier d'acajou* (*cajuyera*). Ces deux espèces croissent sur les îles de l'Amérique, au Brésil, à Saint-Domingue, et dans les Indes.

— Y a-t-il des différences marquées entre elles?

— Comme caractères communs, la feuille de l'acajou ressemble à celle du frêne, et son écorce à celle du chêne. Maintenant, voici les différences : — Le premier de ces deux acajous s'élève parfois à plus de 80 pieds; il sert à la construction des vaisseaux, et l'on creuse dans son tronc droit des canots tout d'une pièce, longs de 40 pieds sur 5 ou 6 pieds de largeur; — le second, bel arbre de petite taille, ne s'élève guère qu'à vingt pieds; mais, pour certains meubles, l'acajou *à pommes* est plus recherché que l'acajou *à planches*, parce que, plus tortueux, avec les contours naturels de ses *arcabas* (« expansions des racines, qui se prolongent le long de l'arbre et vont se perdre dans le fût, à plusieurs mètres au-dessus du pied »), il prête davantage à la disposition des corniches, cintres et autres objets courbes que l'on veut façonner. — A côté de ces deux espèces, je vous signale, en passant, l'espèce odorante nommée *cèdre de Saint-Domingue*, et qui communique aux linges et hardes qu'on y enferme une odeur agréable.

— Mais je me rappelle avoir vu, dans l'acajou, plus de deux sortes de dessins?

— Il y a, dans le bois de ce géant des forêts, qu'à un point de vue industriel mais pittoresque on a surnommé le « matador de l'ébénisterie, » il y a, dis-je, des variétés d'aspect admirablement caractérisées.

— Vous nous en nommeriez bien quelques-unes?

— Parmi les principales, je vous citerai : l'acajou *uni*, le *veiné*, le *moiré*, le *chenillé*, le *moucheté*, le *ronceux*, etc., etc. Ces dénominations, bien trouvées, peignent assez juste les diverses physionomies du bois que nous étudions, et n'ont pas trop besoin d'être élucidées.

— Non. Je me représente très-bien ces différents

dessins, de moires, de veines, de mouchetures et de ronces, que l'ébéniste, d'ailleurs, multiplie en sciant ses planches ou ses feuilles de placage (1) dans tous les sens du tronc, et j'aime mieux vous demander...

— Je devine. L'inévitable étymologie ?

— Précisément.

— Un linguiste donne *acajaïba*. D'un autre côté, l'on prétend que le nom d'*acajou* n'est que la corruption des mots *caju* et *cazou*, désignant, dans les langues de racine malaise, le bois de tout arbre servant à la charpente ou à la menuiserie.

— Ne sert-il qu'à cela, cet arbre ?

— Au contraire; on lui a trouvé beaucoup d'autres emplois. Dans les pays chauds, on l'utilise comme aliment, boisson, remède, teinture, glu, encaustique, et je crois que je puis ajouter des *et cætera*.

— Voilà, effectivement, un assez joli nombre d'usages !

— Auxquels vous pouvez adjoindre celui assez piquant des anciens Brésiliens...

— Qui était ?

— Celui-ci. L'acajou porte un fruit en forme de poire, et qui a cela de singulier que son noyau est

____

(1) A l'aide de la scie mécanique, on obtient vingt feuillets d'une planche de douze à quinze millimètres d'épaisseur.

situé à l'extérieur. Ce noyau, que l'on nomme *noix*
ou *gland d'acajou*, est très-bon à manger et remplace le cerneau, mais, par parenthèse, donne le
goût d'ail à la chair des perroquets qui s'en nourrissent. Les Brésiliens du temps passé se servaient
de cette noix pour compter leur âge.

— Comment s'y prenaient-ils pour cette singulière arithmétique?

— Peut-être, dit Jeanne en continuant l'interrogation de sa sœur, peut-être qu'ils en faisaient des
chapelets, des guirlandes?...

— Laisse donc M. Giraud nous répondre.

— Tu as raison.

Et le doux professeur reprend :

— Ils opéraient ce calcul primitif en serrant, tous
les ans, avec soin un de ces fruits dans une corbeille
spéciale. Ils n'avaient qu'à les compter lorsqu'ils
voulaient savoir combien d'années ils avaient vécu.

— Plaisant aide-mémoire ! s'écrie Jeanne.

— Oui, continue Lucie, qui aurait envie de déve-
lopper l'idée.

— Je suppose, reprend Jeanne, qu'on me demande mon âge. Entendez-vous d'ici cette réponse :
« J'ai dix-sept noix d'acajou dans mon porte-
« années !... »

— Ce serait assez drôle, approuve en souriant le
professeur.

— Ces singularités, ces bizarreries des diverses populations sont toujours très-curieuses, et je sais un grand gré à l'aimable conférencier, quand il nous en fait connaître une nouvelle.

— Pour cela même, cher monsieur Giraud, nous sommes fort aises de ce que vous venez de nous apprendre.

— Vous voyez le succès de vos petites causeries, de vos « conférences familières, » comme vous les appelez quelquefois...

— Continuez vos excursions à travers toutes choses...

— Et à une conférence très-prochaine...

— Dont, cette fois, vous pourrez me demander le sujet à l'avance.

— Nous vous ferons bientôt signe.

XII

LA JOAILLERIE

SOMMAIRE

L'incident. — Résolution de Jeanne. — Elle accomplit le sacrifice. — Lucie l'imite. — M. Giraud les récompense. — Où il prend son thème. — La Joaillerie. — Fragment d'un vieil auteur. — Antiquité des pierreries. — DIAMANTS. — Étymologie. — Il est lumineux. — Crédulités rectifiées. — Où il se trouve. — Diverses rémunérations d'un gros diamant. — Ancienne exploitation. — Louis de Berquem. — Opérations de la taille. — Diamants célèbres. — Diamants de couleur. — Quelques autres. — Qui se permettait cet ornement? — Découverte. — Le berger de Golconde. — Moyen de distinguer le diamant de toute autre pierre. — PERLES. — Leur provenance. — Nacre. — Pêcheries. — Ancienne exploitation. — Leur ancienneté. — De Job à Homère. — Perles historiques. — Défense de Sully. — La perle de Cléopâtre. — Clodius et Caligula. — Doutes. — La pêcheuse de Christophe Colomb. — Sur l'origine des perles. — CORAIL. — Ce qu'en disent les anciens. — Principales pêcheries. — Ancien procédé. — Objets de parure. — Nomenclature des autres pierres. — Détails. — Le pectoral d'Aaron. — Propriétés imaginaires. — Les Diamants de la Couronne. — Démonice. — Prodiges célèbres. — Grâces à Dieu. — Deux passages de Pétrarque. — Assentiment. — La longue conférence se termine.

XII

LA JOAILLERIE

(DIAMANTS, — PERLES, — CORAIL, etc.)

— Eh bien, chères Demoiselles, l'incident du déjeuner est-il vidé?

C'est M. Giraud qui s'adresse, avec un paternel
intérêt, à Lucie et à Jeanne.

On vient d'entrer dans la pièce des conférences.
On y est au complet, et la question semble posée
pour satisfaire une affectueuse curiosité avant d'entamer le thème de la soirée.

— Quant à moi, monsieur Giraud, répond Jeanne,
c'est tout décidé... Je ne porte plus de boucles
d'oreilles.

Et, sans ostentation, elle montre ses oreilles

austèrement privées de l'ornement qu'elles avaient porté jusque-là.

— Vous pouvez, ajoute-t-elle, vous étonner de cette décision...

— En effet, Mademoiselle, reprend le vieux professeur, à votre âge... et puis, vraiment, continue-t-il sans viser le moins du monde au madrigal, c'est qu'elles vous allaient très-bien.

— C'est possible, répond la jeune stoïcienne; mais, depuis quelque temps, je songeais toujours au nez des sauvages, aux anneaux qu'ils se passent dedans, et je ne pouvais m'empêcher de trouver les boucles d'oreilles un ornement... barbare.

— Peut-être est-ce un peu sévère; pourtant je ne blâmerai point trop votre opinion.

— Remarquez; je ne fais que me rallier à celle de ma mère, qui a les oreilles nues. Ce n'est point à dire que je blâme très-fort ma chère Lucie; mais le jour où elle m'imitera, je l'embrasserai de tout mon cœur.

— Eh bien ! voilà mes joues, vilaine sœur, lui dit Lucie du ton le plus amical. Viens m'embrasser, et ôte-moi mes boucles d'oreilles.

Jeanne s'élance, donne deux bons baisers à Lucie, et reçoit dans ses mains le double bijou que sa sœur vient de s'ôter elle-même.

— Va, lui dit celle-ci en riant, les déposer en offrande sur...

— Sur le guéridon de M. Giraud, interrompt vivement Jeanne.

— Je n'aurais jamais imposé cette privation à l'une de vous, dit avec émotion le professeur ; mais le mouvement a été si spontané, et la chose est si raisonnable au fond, que je ne puis qu'y applaudir.

— Tant mieux !

— Alors, vous ne savez pas ? Maintenant que j'ai devant les yeux, que je peux palper, et que je tiens l'objet même du sacrifice, j'ai envie de vous en récompenser...

— Comment ?

— Toujours à ma manière ; en le prenant pour sujet de ma conférence de ce soir.

— Une conférence sur les « boucles d'oreilles ? » demande Lucie avec un certain étonnement.

— Pas seulement là-dessus ; mais sur les bijoux, sur la *Joaillerie* en général : les *diamants*, les *perles*, le *corail*, par exemple. Sans être fou des bijoux, on peut se distraire à en apprendre l'origine.

— A la bonne heure ! nous voulons bien de cette leçon.

— Qui ne peut manquer d'être brillante, dit Jeanne.

— Qui sera au moins pittoresque, répond M. Giraud avec sa modestie ordinaire.

— En tout cas, c'est attrayant.

— J'en conviens. Mais ne nous laissons pas éblouir par le sujet, et commençons.

— Nous fermons la bouche, et ouvrons les oreilles...

Sans boucles. Mais, attention !

Le conférencier entre en matière :

— Un vieil auteur, qui a écrit l'*Histoire des Joyaux de l'Orient et de l'Occident*, dit : « Il n'y a rien dans ce monde inférieur de plus admirable que les pierreries ; ce sont les étoiles de la terre, qui brillent à l'envi de celles du firmament, et qui disputent entre elles de splendeur et de beauté. La nature ne produit rien de plus riche, et fait assez voir, en les cachant aux entrailles de la terre, que les belles choses sont difficiles à acquérir. »

— Il ne serait guère possible de s'exprimer aujourd'hui d'une manière plus agréable...

— Et moins surannée. Ce petit passage est gracieux, poétique, et semble écrit d'hier.

— La *Joaillerie*, reprend le professeur, est l'art de travailler, de monter les pierreries, et d'en faire des colliers, des bagues, des croix, des coiffures et des fleurs. Les pierreries sont nombreuses, car la nature est inépuisable en ses richesses ; et, si nous voulions les étudier toutes, même sommairement, il me faudrait ici vous débiter une petite encyclopédie des pierres précieuses... Je n'ai pas cette prétention en ce moment. Tout au plus pourrai-je vous toucher quelques points à propos des plus remarquables ou des plus usitées.

— L'usage des pierreries date-t-il de loin ?

— La plupart des pierreries, y compris le diamant, ont été connues des anciens. Grecs, Romains, Maures, Mexicains, Indiens les ont employées à leurs parures. Cependant, quant au diamant, Pline avance qu'il a été longtemps ignoré ; mais Pline est loin d'être toujours infaillible. Il était crédule, et ne vérifiait pas toujours suffisamment ses sources. Par le seul fait, d'ailleurs, que le diamant a un nom grec, il se trouve posséder le certificat d'une certaine antiquité.

— Ah ! le diamant a un nom grec ? J'en suis bien aise. Je pars de là pour vous demander immédiatement l'étymologie.

— Soit. *Diamant* vient du grec *adamas*, mot que les Latins ont exactement conservé. *Adamas* veut dire *indomptable*. C'est, vous le voyez, un baptême logique, un nom bien justifié par l'extrême dureté de ce brillant, que la dent d'aucune lime ne peut mordre, qui raie tous les minéraux et n'est rayé par aucun.

— Où le trouve-t-on ?

— Les principaux terrains *diamantaires* sont : l'Inde, l'île de Bornéo et le Brésil. Le Diamant est généralement blanc ; mais on le trouve parfois avec de jolies teintes roses, vertes ou bleues, dues à la présence de corps métalliques. Pour peu qu'il soit échauffé par le soleil, il est lumineux dans l'obscurité. Ces vieux vers de Jehan de la Taille de Boudaroy :

> Jupiter au Diamant donne
> L'heur d'esbattre (ô merveilleux cas !)
> L'esprit et l'œil de la personne,
> Et, par sa beauté qui *treluyt*,
> D'empêcher les frayeurs de nuict...

prouvent que cette remarque est faite depuis longtemps. Comme l'ambre et les autres corps électriques, il acquiert par le frottement la propriété d'attirer à lui les corps légers (petits papiers, paille, poudre de bois, etc.)

— Et quelle est sa nature, à cet opulent joyau ?

— Voulez-vous, avant que je vous réponde, avoir la définition qu'en donne un Glossaire latin du neuvième siècle ?

— Si vous nous le traduisez.

— Moi ou un autre, bien entendu. Voici la traduction de M. Le Roux de Lincy : « Le Diamant, dit ce recueil, est une pierre plus dure que le fer.

Il se trouve dans une certaine montagne d'Orient et la nuit, pendant laquelle il brille d'un grand éclat qui s'efface le jour, parce qu'il est obscurci par le soleil. Ni le fer ni le feu ne peuvent détruire le Diamant, qui ne doit être comparé à aucune autre pierre. C'est d'elle que le prophète a dit : « J'ai vu un homme debout sur un mur de Diamant... »

— Il y a là, je l'entrevois, des crédulités énormes. Voulez-vous, s'il vous plaît, les rectifier ?

— Le Diamant, que l'on croyait jadis inattaquable par le feu, n'est autre chose que du carbone pur, dont la cohésion est très-forte. Il se consume sans laisser de lui la moindre trace. C'est un produit éminemment naturel ; l'art le plus persévérant n'est point encore parvenu à l'imiter.

— Et ce n'est pas un mal, dit Jeanne ; si on en faisait, il perdrait tout son prix.

— Faut-il creuser bien profond pour le découvrir ?

— En général, le Diamant se rencontre à peu de profondeur. Les chercheurs n'ont qu'à fouiller au-dessous de la superficie du sol. Quant aux Diamants volumineux, il faut les chercher sur les bords ou même dans le fond des larges vallées.

— Cette recherche doit être bien pénible ?

— Très-pénible pour l'esclave, très-coûteuse pour le maître, qui, malgré soins et habileté, ne

peut arriver à empêcher d'assez nombreuses infidélités. Au Brésil, cependant, dès qu'un esclave avait
livré un Diamant pesant 70 grains (le grain vaut 54
millièmes de gramme), il était mis en liberté. Avant
cette dernière prérogative, il ne recevait, en gratification, qu'une pièce de toile de la très-maigre
valeur d'un écu.

— La récompense avait bien changé !

— Certes !

— Si vous désiriez quelques détails sur les travaux d'une ancienne exploitation, je pourrais vous
lire une petite page.

— Volontiers.

— La voici : « Je viens maintenant, dit notre vieil
auteur, à la manière de chercher le Diamant, et surtout comme il se pratique à la mine de Coullour. Les
mineurs creusent une fosse de quinze ou vingt piés
en carré, et iettent la terre autour sur une place
bien nette environ d'autant d'espace, élevant un
petit mur d'un pié et demi pour tenir la terre et
l'eau qu'on y iette. En suite ils lavent et pestrissent
la terre avec les piés dans deux ou trois eaux, afin
que toute la graisse et le limon s'écoulent par des
trous faits au mur, et qu'il ne reste que le sable.
Le sable étant sec, ils le battent avec des pilons de
bois pour mieux sentir et découvrir le diamant; car
autrefois il se servoient d'instrumens de pierr e

mais ils les quittèrent, depuis qu'ils se furent apper-
ceus qu'ils causoient des glaces dans les Diamans.
Enfin ils se mettent tous de rang à terre dans la
posture de nos tailleurs, et cherchent de tous leurs
yeux la pierre parmi le sable. Tandis qu'ils sont
dans cet exercice, plusieurs commis se tiennent debout, les yeux attachés sur les mineurs, de peur
que lorsqu'ils trouvent une pierre, ils ne l'avallent
subtilement... »

— Vos détails, monsieur Giraud, sont très-pitto-
resques.

— Le Diamant, reprend Lucie, se trouve à l'état
brut. Qui eut, le premier, l'idée de le tailler?

— Un jeune gentilhomme brugeois, Louis de
Berquem, étranger aux connaissances du lapidaire,
mais qui, par hasard, avait observé que « deux Diamants frottés fortement l'un contre l'autre s'usent
et se réduisent mutuellement en poudre. » Cette
découverte eut lieu environ vers 1456; d'autres
disent vers 1475. On lui doit la taille régulière du
Diamant.

— Et cette taille, comment s'opère-t-elle?

— Pour passer de l'état *brut* à l'état de *taillé*, le
Diamant a trois opérations à subir : — 1° on le *clive*,
c'est-à-dire qu'on le fend en deux parties. Il faut,
pour cela, trouver le *fil* de la pierre, ce qui n'est
pas facile. — 2° On le *taille*, c'est-à-dire qu'à l'aide de

facettes, on lui donne sa forme. — 3° Enfin on le *polit*, c'est-à-dire qu'à l'aide de sa poudre, qu'on nomme *égrisée*, on le met à même de faire valoir le jeu si admirable de ses feux et de ses lumières. Maintenant, ajouterai-je qu'on taille le Diamant en *brillant* et en *rose?* que le brillant se taille en *recoupé* et *non-recoupé?*... Laissons les sous-détails; je ne veux point vous rendre lapidaires, et je ne le suis pas moi-même.

— Il doit y avoir un certain nombre de Diamants célèbres ?

— Je puis vous citer quelques-uns des plus connus, en même temps que des plus précieux. Suivez ma nomenclature :

Le *Sancy*, — qui porte le nom d'un fidèle ami de Henri IV, ambassadeur de France à Constantinople. Il a appartenu à Charles le Téméraire, qui le laissa avec ses bagages à la bataille de Granson. On ignore actuellement où il se trouve. Il pèse 106 carats... un vrai calembour avec son nom ;

Le *Pitt* ou *Régent*, — acheté par le régent, d'un Anglais nommé Pitt, sous la minorité de Louis XV. Il pèse 137 carats, est estimé huit millions, et appartient à la France. Avec les péripéties par lesquelles ont passé ces deux Diamants, il y aurait de quoi faire des romans d'aventures ;

Celui du Rajah de Matun (Indes orientales). —

C'est le plus beau diamant connu; il est de l'eau la plus pure, et pèse 367 carats;

Les deux du roi de Perse, d'une grosseur extraordinaire, et nommés, l'un : *Lumière du monde*, l'autre : *Océan de lumière;*

Celui du Grand Mogol. — Il a la forme d'un œuf coupé par le milieu, et le célèbre voyageur Tavernier l'a tenu. Il pèse 279 carats. Il appartient actuellement à la reine d'Angleterre;

Celui de l'ancien Grand-Duc de Toscane, — gros comme un œuf de pigeon, et qui appartient aujourd'hui à l'empereur d'Autriche. Il pèse 139 carats;

Celui de l'empereur de Russie, — qui orne le haut du sceptre de ce souverain, et que la fameuse Catherine a payé 2 500 000 francs, plus 10 0000 francs de rente viagère à un Américain. Il formait, dit-on, l'un des deux yeux de la statue de Scheringham, dans le temple de Bramah, et c'est un grenadier français, sans doute désireux de voir clair dans ses affaires, qui aurait éborgné le dieu pour s'en approprier la prunelle. Il pèse 163, d'autres disent 195 carats;

Celui que Philippe d'Espagne, lors de ses noces avec Élisabeth de France (fille de Henri II), acheta de Ch. d'Affetan, d'Anvers, en 1559. Il pesait 47 carats 1/2, et a été payé 80 000 écus;

Celui du roi de Portugal, — trouvé en 1800 dans

le ruisseau de l'Aboïté (le plus gros que l'on ait découvert au Brésil). Il pèse 120 carats;

Le *Nossuck*, — provenant des bagages de Peishwa des Marattes, et qui appartient à la Compagnie anglaise des Indes.

Parmi les Diamants de couleur, on en cite quelques-uns :

Un *bleu foncé*, pesant 160 grains, et acheté par M. Hope. Il vaut environ 450 000 francs;

Un *rose*, au marquis de Drée, d'une valeur presque égale;

Un *vert émeraude*, du poids de 135 grains, propriété du trésor royal de Dresde;

Un *rouge rubis*, pesant 40 grains, acheté par l'empereur Paul Iᵉʳ. Il est évalué à 100 000 roubles.

Beaucoup d'autres Diamants modernes, des gros que l'industrie a nommés parangons, pourraient s'ajouter à cette liste; mais je ne veux pas l'allonger indéfiniment. Cependant, avant de terminer, je ne puis m'empêcher de vous citer encore :

L'*Étoile du Sud*, diamant remarquable reçu du Brésil, il y a six ou sept ans, par le premier de nos lapidaires, M. Halphen. Une négresse l'a trouvé, en 1853, aux mines de Bogayem. Taillé, il pèse 127 carats;

Le *Ko-hi-noor*, exposé et admiré à Londres en 1851. Il appartient à la reine d'Angleterre, pèse près de 122 carats, et a été payé six millions par la Compagnie des Indes.

— Il fallait et il faut encore être très-riche pour se payer cette pierre si rare !

— Anciennement, et jusqu'au moyen âge, les rois et les reines, les princes et les princesses, se permettaient seuls ces splendides ornements. L'agrafe du manteau royal de Charlemagne était rehaussée de quatre diamants nommés *pointes naïves*. Agnès Sorel, la *Dame de beauté*, est la première qui ait essayé, par condescendance, de faire briller leurs feux dans les ondes de sa chevelure. Cela plaisait à Charles VII; mais elle appelait cette parure « le supplice du carcan ». Anne de Bretagne est la seconde. Sous la reine Marie-Thérèse, les perles prévalaient encore. A sa mort, les diamants eurent la préférence. De Louis XIV à Louis XV, le goût pour les bijoux prit une grande extension. Deux ou trois années avant la révolution, les femmes s'en inondaient ; les hommes en portaient aux doigts, aux manches, à leur tabatière, à leur chapeau, etc. ; c'était une petite démence.

— Le surnaturel s'est-il mêlé à la découverte du Diamant ?

— Pas tout à fait ; mais, en cherchant, on trouverait une anecdote, qui pourrait passer pour la légende des mines de Golconde.

— Avec ce préambule, cher monsieur Giraud, vous devez bien penser que nous ne vous en tenons pas quitte.

— Ecoutez donc mon très-bref récit :

Les royaumes de Visapour et de Bengale étaient déjà célèbres pour la production de la première des pierres précieuses.

Un jour, un berger de Golconde mène paître son troupeau dans un lieu écarté.

Il ne connaissait point cet endroit ; mais il croyait y trouver un suffisant pâturage...

Hélas ! il ne voit devant lui qu'un sol pierreux, une terre sèche et fendillée.

« Par Bramah ! s'écrie-t-il, que vont manger mes pauvres chèvres ? »

Et lui-même ? car il ne s'était muni d'aucune provision !...

Il laisse mélancoliquement errer ses regards sur cette terre aride et inféconde... lorsqu'il voit tout à coup briller quelque chose devant lui.

Il s'approche et ramasse...

— Quoi ? qu'était-ce ? demande vivement Lucie.

— Une espèce de petit caillou revêtu d'une couche grossière, et qui, par une facette polie naturellement, lance des rayons, presque une gerbe lumineuse.

Notre berger se délectait médiocrement à le re-

tourner entre ses doigts ;... *le moindre grain de mil
eût bien mieux fait son affaire.*

Passe un quidam qui avait déjeuné, lui. Il en-
tame la conversation, et, tout en causant, jette un
coup d'œil indifférent sur l'objet trouvé.

Après plusieurs questions, il voit qu'il doit appeler à son aide la diplomatie. Il prend le pâtre
par son faible. Il lui restait, à ce passant, une légère provision de riz... Il l'offre au ventre affamé
en échange du petit caillou.

La faim ne spécule pas, et d'ailleurs sur quoi le
pauvre berger eût-il spéculé ? Il ignorait entièrement
ce qu'il avait entre les mains.

L'échange se conclut.

Le pâtre, heureux, apaise son appétit, et le don-
neur de riz emporte son aubaine.

Incomplétement appréciée d'abord, l'aubaine
change de propriétaire encore une fois ou deux, et
finit par faire la fortune du dernier, car le caillou
brut du berger des environs de Golconde n'était
autre qu'un beau Diamant.

— Voilà une vraie trouvaille ! s'écrie madame
Ducamps.

— Cette trouvaille s'ébruita et fit découvrir la
mine célèbre où plus de 30 000 ouvriers cherchent,
depuis lors, le Diamant en fouillant dans les veines
des rochers (en 1677, il y avait déjà 23 mines de

diamants ouvertes dans le royaume de Golconde).

— C'est ainsi que procède presque toujours le hasard, cette providence inépuisable des grandes découvertes.

— Très-souvent.

— Nous en avons déjà vu des exemples.

— Tout à l'heure, mademoiselle Jeanne se félicitait qu'on ne pût faire du diamant. Si on n'*en fait pas*, on l'imite, et assez bien. Comme curiosité, je puis vous enseigner un moyen de distinguer le diamant de toute autre pierre précieuse incolore...

— Et le moyen est bon ?

— Infaillible et des plus faciles.

— Voyons-le. J'ai hâte.

— Vous n'avez qu'à regarder, au travers du diamant que vous voulez examiner, un objet très-menu, très-délié, tel qu'un petit trou dans une carte, une pointe d'aiguille, etc. Si vous apercevez l'objet *simple*, la pierre est un diamant; si, au contraire, l'objet vous paraît *double*, ce n'est pas un diamant que vous tenez. Le diamant seul a la propriété de ne pas produire la *double réfraction*.

— C'est bon à savoir.

— Maintenant, Mesdames, des Diamants aux *Perles* (*margaritæ*) il n'y a qu'un pas.

— Cher monsieur Giraud, faites-le.

— M'y voilà. Les Perles sont un produit pour lequel l'art n'ajoute rien à la nature.

— N'ai-je pas lu que d'anciens systèmes allaient jusqu'à les faire naître de la rosée?...

— Des systèmes bien crédules, alors.

— Les Perles ne sont qu'une extravasation du suc contenu dans les organes de plusieurs animaux testacés, la *patelle*, la *moule*, l'*oreille de mer*, et principalement de l'*huître perlière*.

— C'est plus précis.

— On appelle *nacre* de perles (*nacar de perlas*) les faces inférieures de la coquille, qui sont fines, polies, et jettent parfois les reflets des plus riches couleurs.

— Les Perles étant enfermées dans le sein d'un coquillage, il faut nécessairement les pêcher?

— Oui, chères Dames, et ce n'est pas sans peines ni dangers que les plongeurs, excités par les brahmines et les dervis, se précipitent à la recherche de cette rareté, qui a besoin d'environ sept années pour arriver à être mûre. Le nombre des *pêcheries* est considérable.

— Vous seriez bien bon de nous en indiquer quelques-unes.

— Les principales sont celles du golfe Persique, des côtes d'Arabie, du Japon, et de l'île de Ceylan. Elles ont lieu deux fois chaque année, aux mois de

13.

mars et d'avril, et aux mois d'août et de septembre.

— Votre vieil auteur nous dirait-il encore comment, de son temps, l'on procédait à cette pêche ?

— J'avais marqué le passage pour vous le lire.

— Bon ! Nous l'écoutons.

— Le voici : « C'est, dit-il, une chose digne de curiosité de sçavoir comment on pesche les perles. Il ne se met que sept hommes, ou neuf au plus dans chaque barque, dont il en descend deux au fond de la mer jusqu'à six, neuf et douze brasses. Vers les Isles de la Marguerite et de Cubagua l'eau est très-froide ; mais le plus grand travail est de retenir sous l'eau son haleine en faisant la pesche, quelquefois un quart d'heure, et au delà ; et afin que ces pauvres esclaves la puissent mieux retenir, ils leur font manger des viandes sèches, et de plus en petite quantité ; de sorte que l'avarice leur fait faire ces abstinences contre leur gré ; mais outre cela ils se servent d'artifice, et ont sur le nez une petite pincette faite de corne de buffle qui leur serre les narines, et ils tiennent aussi du coton dans leurs oreilles. Quelques autres tiennent de l'huile dans leur bouche, ceux-là principalement qui ne peuvent longtemps durer sans prendre haleine. D'autres enfin portent leur bouche sous leur aisselle, et respirent de la sorte sous l'eau deux ou trois fois. On leur pend à chaque pié un sac plein de pierres ou de sable pour les faire aller droit au fond, avec un autre sac lié à leur costé pour mettre les huîtres. Ils sont attachez pardessous les aisselles à une corde que tiennent ceux qui demeurent dans la barque, et ils en tiennent une autre en main qu'ils tirent pour avertir ceux du bateau qu'ils ne peuvent plus retenir leur haleine, et qu'on les retire promptement... Quand la nuit vient, les pescheurs se retirent dans l'Isle, et apportent les huîtres dans la maison de celui qui les a mis en besogne, lequel les fait ouvrir, ne se trouvant point de perles dans quelques-unes, et dans d'autres s'en trouvant depuis une jusqu'à six, plus ou moins... »

— Merci, monsieur Giraud !

— Depuis quand les Perles sont-elles connues?

— Depuis longtemps, je crois?

— Elles sont d'un usage bien plus ancien que le Diamant, et ont toujours été fort prisées. Les Hébreux, voisins du golfe Persique, où se pêchent les plus belles, ont dû en connaître l'usage de bonne heure. Job et Salomon en font mention dans les Livres saints. Le premier dit même que « la pêche de la sagesse est de beaucoup préférable à celle des Perles. » — Les Égyptiens en ont fait un emploi fréquent après la conquête d'Alexandrie. — Du temps d'Homère et d'Hérodote, les Grecs ne paraissent pas les avoir connues. — Les Romains les aimaient beaucoup, et les préféraient aux autres objets de luxe.

— Vous devez avoir à nous mentionner des Perles historiques?

— Un écrivain aurait des pages à remplir s'il voulait seulement indiquer les plus saillantes parmi les Perles célèbres. Je vous citerai entre autres :

Celle que Jules César donna à Servilie, sœur de Caton d'Utique et mère de Brutus;

Celles qu'Alexandre Sévère prit à l'impératrice pour les faire placer aux oreilles d'une statue de Vénus;

La fameuse perle de Cléopâtre, dont je vous parlerai tout à l'heure;

La *Pérégrine*, perle de Panama, en forme de poire, et offerte à Philippe II en 1579;

Celle qu'un Arabe vendit 260 000 livres à l'empereur de Perse.

Une des perles du Trésor de la Couronne de France vaut 40 000 francs; 408 autres valent ensemble 500 000 francs.

J'ajouterai qu'un buste de Pompée fut exécuté en perles, et que la robe de la statue de Notre-Dame de la Guadeloupe, en Espagne, n'est composée que de perles. Il n'est presque point de Madones qui n'aient reçu en offrande : couronnes, colliers, bracelets ou bordures embellis de ce riche ornement.

Il est peu de joyaux dont le luxe des souverains ait plus abusé. Cependant Henri IV a rendu une ordonnance, rédigée par Sully, disant : « Défense de porter ni or, ni perles, ni diamants, ni dentelles d'Italie... »

— Y a-t-il un choix dans les provenances ?

— Les Perles de l'Orient sont beaucoup plus estimées que celles de l'Occident.

— Et la perle de Cléopâtre ?

— Voici l'épisode qui se rattache à ce bijou devenu légendaire :

Cette reine d'Égypte, se trouvant à Alexandrie, s'amusait souvent à lutter avec Marc-Antoine de magnificence et de prodigalité.

Un soir qu'Antoine traitait sa superbe convive, celle-ci railla son hôte sur le prix présumé de son festin.

La raillerie est relevée, et l'amphitryon, piqué, tient une gageure pour le lendemain.

« Je vous invite à souper, dit la reine, pour vous bien traiter, d'abord ; ensuite, pour vous montrer comment je dépenserai dix millions de sesterces.

Le moment arrive.

Le souper n'était que splendide... Marc-Antoine raille à son tour.

Comme une femme sûre d'elle, Cléopâtre le laisse faire.

Elle portait alors à ses oreilles un chef-d'œuvre de la nature, deux grosses perles parfaitement semblables, de celles que les Romains appelaient *uniones* (*sans pair*), et dont le prix ne s'élevait pas à moins d'un certain nombre de millions.

La reine prend tranquillement une coupe d'or; puis, par un mouvement des plus prompts, détachant une de ses incomparables perles, elle la jette dans le vinaigre dont elle vient de remplir le vase, la laisse dissoudre... et l'avale.

Elle portait déjà la main sur l'autre.

Plancus, juge du pari, saisit le bras de la reine et l'arrête.

Marc-Antoine se déclare vaincu, et, par là, sauve la seconde perle.

Depuis, cette moitié non consommée d'un dessert extravagant fut sciée, et servit à faire deux pendants d'oreilles à la belle Vénus du Panthéon.

— Ainsi voilà Vénus toute fière d'être ornée avec la moitié d'une parure de Cléopâtre !

— Cette anecdote, reprend M. Ducamps, ne manque pas de pittoresque; mais, là, en conscience, monsieur Giraud, la croyez-vous bien authentique?

— Pas le moins du monde, répond le vieux professeur. Je vous la rapporte comme une des légendes de la Perle. Les perles peuvent bien être atteintes par les acides, mais après un temps assez long. Le vinaigre est d'ailleurs trop faible, et le temps du repas beaucoup trop court.

— Que pensez-vous donc de la chose?

— Il y a eu un petit escamotage de la part de Cléopâtre, et un peu trop de crédulité de la part du narrateur du fait.

— Mais, monsieur Giraud, interroge M. Ducamps, si je me rappelle bien, un certain Clodius, fils du tragédien Esopus, et l'insensé Caligula, voulant aussi faire acte de prodigalité, imitèrent la soi-disant folie de Cléopâtre?

— Ces deux exemples sont, en effet, cités. Si l'on veut les adopter, il faut croire que les Latins, par le mot *acetum*, entendaient un *vinaigre* particulier, plus fort que le nôtre, et dont nous ignorons la composition.

— Je suis de votre avis, ajoute madame Ducamps, et je trouve qu'il serait bon de ne conter ces historiettes douteuses qu'en prévenant son auditoire.

— Celle de la pêcheuse de Christophe Colomb est bien plus authentique.

— Pour que nous puissions en juger, dites-la.

— Je la cite : « ... Cette Isle de Cubagua fut découverte par ce fameux pilote génois Christophe Colomb, qui, ayant apperçeu un petit batteau avec quelques pescheurs et une femme dedans, qui avoit trois beaux rangs de Perles au col, dit d'abord à ses intimes qu'ils louassent Dieu d'avoir trouvé la plus riche terre du monde. Il cassa alors un plat de fayence de diverses couleurs, et pour une pièce ou deux cette femme luy donna de bon cœur un rang de ses Perles. Pour un autre plat qu'il donna entier, il en eut encore quantité, et apprit des Indiens le lieu et la manière de pescher les Perles. »

— Il n'y a là rien que de très-naturel. Tout y sent le vraisemblable et même le vrai.

— Puisque nous sommes, aujourd'hui, en veine de citations, voulez-vous l'origine des Perles d'après deux voyageurs mahométans qui visitèrent les Indes et la Chine au neuvième siècle ?

— Sans aucun doute.

— Écoutez donc ces deux pages traduites de l'arabe : « Un Arabe, estant autrefois venu à Bassora, y apporta une perle qui valait une grande somme d'argent. Il la porta chez un Droguiste qu'il connoissoit, auquel il fit voir cette perle ; et, comme il n'en connoissoit pas la valeur, il luy demanda ce qu'il en pensoit. Le Marchand luy dit que c'estoit une perle. L'Arabe luy demanda ce qu'elle pouvoit valoir, et le Marchand l'estima cent pièces d'argent. L'Arabe, estonné de ce grand prix, luy demanda s'il y avoit quelqu'un qui luy en donnast la somme qu'il avoit dite. Le Marchand luy compta cent drachmes, et l'Arabe acheta du bled de cet argent, pour rem-

porter en son païs. Le Marchand porta la perle à
Bagdad, où il la vendit à un très-haut prix, ce qui
luy donna moyen de faire dans la suite un grand né-
goce. Ce même Marchand rapportoit qu'il avait interrogé l'Arabe touchant l'origine des Perles, et qu'il
lui avoit parlé en cette manière :

« Je passois, dit-il, à Saman, qui est de la dépen-
dance de Bahrein, et qui n'est que d'une médiocre
distance de la mer. Je vis sur le sable un renard
mort, et il avoit quelque chose en la gueule, qui la
lui serroit. Je m'en approchay, et je trouvay une
escaille luisante et blanche dans laquelle je trouvay
cette perle que je pris. Cela luy fit connoistre que
l'huistre se trouva sur la coste, parce qu'elle y avoit
esté poussée par le vent, ce qui arrive fort souvent.
Le renard, passant par là et voyant la chair de l'huistre qui avoit les escailles ouvertes, se jetta dessus
et mit le museau entre les deux escailles pour manger l'huistre, qui, les fermant, le serra de la manière
qui a esté dite (car c'est une de ses propriétez lorsqu'elle serre quelque chose, et qu'elle sent qu'on
la touche avec la main, de ne les point ouvrir
quelque chose qu'on fasse, à moins qu'on ne les
ouvre avec un fer par les extrémitez. C'est de cette
huistre que sont produites les perles, et elle les garde
avec le mesme soin qu'une mère cache son enfant).
Ainsi lorsqu'elle sentit le renard, elle se retira,

comme évitant un ennemi : et le renard, se sentant serré, en battit la terre à droite et à gauche, jusqu'à ce qu'il en fust estouffé, et qu'elle mourut aussi. L'Arabe trouva la perle, et Dieu voulut qu'il s'adressast au Marchand, ce qui lui fut une grande fortune... »

— C'est bizarre !

— A présent, interrompt Lucie, n'avez-vous pas, cher monsieur Giraud, à nous parler du Corail?

— Je désire vivement vous en dire deux mots; mais il faut songer à ne point vous faire coucher trop tard.

— Nous avons tout le temps de vous écouter. Et la conférence doit être complète.

— Je serai bref. Le Corail est une production de la mer qui a la dureté de la pierre. C'est la plus recherchée des substances qu'on nomme improprement *plantes marines*. Il n'a point été inconnu des anciens. Théophraste met le Corail au rang des pierres précieuses. Orphée en dit plusieurs choses au livre des *Pierres*. Pline ne manque pas d'en parler, toujours avec certaines crédulités à sa manière. Ovide le décrit éloquemment au IVe livre de ses *Métamorphoses*. Anselme Boëce de Boot, qui appelle le Corail « un arbreau », cite ces quatre vers d'une vieille traduction du poëte latin :

Ainsi est du Corail, qui a dessous les eaux
La mollesse de l'herbe et des foibles roseaux ;
Mais, si tost que l'on l'a arraché de sa tige,
Il s'endurcit à l'air, par un nouveau prodige.

Comme la Perle, on le recueille au moyen de la pêche.

— Quels sont les points du globe les plus propres à cette récolte ?

— Le golfe Persique, la mer Rouge, les côtes d'Afrique, celles de Provence, et plusieurs endroits de la Méditerranée. La pêche du Corail se pratique depuis le commencement d'avril jusqu'à la fin de juillet, parfois de septembre.

— Cette pêche est-elle aussi curieuse que celle de la Perle ?

— Je vais, à titre de curiosité, vous lire la description qu'en fait le vieil auteur que je vous ai cité plusieurs fois dans le cours de notre conférence de ce soir : « Comme le Coral, dit-il, croist sous des roches creuses, au pié desquelles la mer est profonde, les pescheurs se servent de cet artifice. Ils ajustent deux gros chevrons en croix, et mettent un gros morceau de plomb au milieu pour le faire aller au fond. Puis ils attachent du chanvre touffu autour des chevrons, qu'ils tortillent négligemment gros comme le pouce, et attachent ce bois à deux cordes, dont

l'une pend à la proue, et l'autre à la poupe du batteau. En suitte ils laissent aller ce bois au courant
le long de ces roches, et le chanvre s'entortillant
autour du Coral, il est besoin souvent de quinze ou
vingt batteaux pour retirer les chevrons. Mais, ar-
rachant ainsi de force le Coral, il en tombe autant
dans la mer qu'ils en peuvent tirer dehors... »

— J'aime mieux cette manière. C'est moins fati-
gant et moins dangereux que de plonger.

— Le Corail, je n'ai pas besoin de vous l'apprendre, sert à une grande quantité d'objets de parure.
Les Japonais, au rebours de tout le reste du monde,
ne font aucun cas des perles ni des pierreries, et
tous leurs joyaux consistent en un grain de Corail.
Dans la plupart des contrées de l'Asie, le peuple fait
aussi sa parure du Corail, et en porte au cou, aux
bras et aux jambes. Le commerce distingue plusieurs
variétés de Corail : l'*écume de sang*, la *fleur de sang*,
le *premier*, le *second*, le *troisième sang*, etc.

— Bien ! voilà un petit mot qui nous donne toujours une idée du sujet...

— Mais la joaillerie emploie encore nombre
d'autres pierres ?

— Sans aucun doute.

— Ayez donc la bonté de nous en nommer quelques-unes.

— Les principales pierres précieuses que l'on

emploie dans les riches et gracieux échafaudages de parures, sont :

Le *Diamant* — (blanc, parfois rose, bleu, ou vert);

Le *Rubis* — (rouge pur);
L'*Émeraude* — (vert pur);
Le *Saphir* — (bleu pur);
La *Topaze* — (jaune pur) ;
} les 4 Corindons.

L'*Opale* — (réunissant les teintes des cinq pierres précédentes);

La *Turquoise* — (bleu);

L'*Améthyste* — (violet tirant sur le pourpre);

Le *Grenat* — (rouge foncé);

L'*Aigue-marine* — (vert nué de bleu);

Le *Péridot* — (vert-pré nué de jaune);

La *Jacinthe* ou *Hyacinthe* — (rouge mêlé de jaune);

La *Perle* — (blanc-gris);

L'*Agathe arborisée* — (jaune clair semé de petits rameaux);

Le *Corail* — (du rose au rouge), etc., etc., etc.

— Voilà une liste, j'espère ! dit Jeanne.

—Oui, répond M. Giraud; mais ce n'est qu'une liste, là où il faudrait mille détails.

— Lesquels donc, encore?

— Quelques-uns dans le genre de ceux-ci, par exemple : — que le *Saphir*, placé devant une vive lumière, montre une brillante étoile à six rayons ; — que les Romains estimaient tant l'*Émeraude*, qu'ils avaient défendu de rien y graver ; — que Néron avait coutume de contempler à travers une Émeraude l'horrible spectacle de l'arène ; — que Domitien s'en servait pour le même usage ; — que, de là, l'Émeraude reçut les noms de *pierre de Néron, pierre de Domitien ;* — que certaines populations du Pérou adoraient une *déesse Émeraude ;* — qu'un roi d'Isini portait sa barbe tressée en vingt petites boucles mêlées de soixante pierres précieuses, etc., etc.

— Ce n'est pas de trop que de nous indiquer cela.

— Je voudrais ne pas omettre de vous signaler, d'après l'Exode, le fameux pectoral d'Aaron...

— Que vous devriez nous décrire.

— Volontiers :

« On fit, dit le texte saint, le pectoral d'ouvrages exquis, comme l'ouvrage de l'éphod, d'or, de pourpre, d'écarlate, de cramoisi et de fin lin retors.

« Et on le remplit de quatre rangs de pierres : à la première rangée ont mit une sardoine, une topaze et une émeraude ;

« A la seconde rangée, une escarboucle, un saphir et un jaspe ;

« A la troisième rangée, un ligure, une agate et une améthyste ;

« Et à la quatrième rangée, une chrysolite, un

onyx et un béryl, environnés de chatons d'or dans leurs remplages.

« Ainsi il y avait autant de pierres qu'il y avait de noms des enfants d'Israël, douze selon leurs noms ; chacune d'elles gravée de gravure de cachet, selon le nom qu'elle devait porter, et elles étaient pour les douze tribus. »

— Monsieur Giraud, continuez à fouiller ainsi les vieux temps.

— Je voudrais encore ajouter quelques notions sur les diverses propriétés imaginaires que les anciens et le moyen âge ont prêtées à certaines pierres, et que les pieux musulmans, qui aiment immodérément les pierreries, leur prêtent encore maintenant. Je vous dirais, alors, que le *Diamant* a été réputé contre les enchantements, les venins, et aussi contre la colère, d'où on l'a nommé « pierre précieuse de réconciliation ». Pendu et attaché, il apaisait les fièvres demi-tierces. — Le *Rubis* fortifiait le cœur, apaisait la soif, garantissait de la peste et de la foudre. — L'*Émeraude* était un spécifique contre la morsure des vipères, fortifiait la vue, guérissait les maux d'estomac. — La *Turquoise* s'employait plus particulièrement contre les scorpions. — La *Cornaline* variait ses propriétés : rouge, elle calmait la colère ; blanche, elle guérissait les maux de dents ; couleur de chair, elle arrêtait les hémorrhagies. —

L'*Hématite* était le meilleur des contre-poisons. — Le *Jade* remplissait le rôle de paratonnerre. — L'*Œil-de-chat* rendait invisible... Si je continuais, je n'en finirais pas avec toutes ces folles croyances.

— Vous auriez beau ne pas finir, vous ne nous lasseriez point.

— Après tout, chers auditeurs, vous avez dû acquérir une connaissance suffisante de ces richesses dans les nombreuses visites que vous avez faites aux diverses Expositions. Là, des vitrines étincelantes attiraient vos regards : c'était, dans l'une, une berthe en diamants; dans l'autre, l'*Étoile du Sud;* dans une autre, un diadème d'étoiles en pierreries; puis enfin, dans une splendide rotonde, la collection des Diamants de la Couronne, où figurait le *Régent*, les cinq *Médicis*, les deux *Navarre*, les dix-huit *Mazarins*, le *Richelieu*, et les douze *Bourbons*, qui tous ont bien des fois changé de monture et de maître !

— C'est une vraie collection de fortunes, que ces Diamants-là !

— En connait-on la quantité ?

— Les pierres précieuses appartenant à l'État sont au nombre de 64 842 (joli petit bataillon !), pèsent 18 754 carats, et sont évaluées à un chiffre rond de 24 millions de francs.

— Si, depuis peu, nous ne venions de nous habituer, hélas! aux milliards, on pourrait dire que ces joyaux sont une belle bague au doigt de la France.

— Ils suffiraient, si nous avions une Démonice, à l'ensevelir sous leur avalanche, comme cela eut lieu pour l'ancienne.

— Ah! monsieur Giraud, s'exclame madame Ducamps, ce mot nous promet au moins une anecdote; et je suis la première à vous demander : qu'est-ce que Démonice?

— Pour le savoir, écoutez, chère Madame, ce court récit, qui nous reporte tout tranquillement à 334 ans avant Jésus-Christ.

— Ah! ah! c'est loin... Nous écoutons.

— Alexandre marchait dans ses conquêtes. Les Gaulois dé la Germanie apparaissaient pour la première fois sous son règne. Le roi de Macédoine entre en Asie, menaçant le trône des Perses. Les Gaulois le suivent, et ravagent l'Asie Mineure, d'où ils rapportent un butin immense. Pendant le siége d'Éphèse, leur chef parcourait, un jour, les remparts, cherchant à y découvrir un endroit vulnérable. Au lieu du point désiré, il rencontre une jeune habitante de la ville. Elle était d'un extérieur distingué, mais seule. Cette personne demande à lui parler. Il l'écoute... Elle lui fait une proposition, — celle de lui livrer la ville...

— Oh! l'infâme! Il y a donc toujours eu des lâches et des traîtres!...

— Vous le voyez, Mesdames. Le chef accepte. « Je vous offre la ville, continue la jeune fille; mais à une condition. — Parlez. — A la condition que vous me remettrez *tous* les bijoux de femme qui seront pris au sac d'Éphèse. »

— Oh! l'amour de la parure!... Je suis bien aise d'avoir quitté mes boucles d'oreilles!

— Le chef promet.

— Et il tient parole?

— Oui. Dès qu'il est maître de la ville, dès que le pillage est terminé, il assemble les chefs de ses soldats : « Vous voyez cette jeune fille, leur dit-il; j'ai une dette à lui payer. Elle a eu un procédé que j'apprécie. Elle m'a ouvert les portes de la ville en échange de nos bijoux. Prenez-les donc tous, ces bijoux , et jetez-les lui à la face!... »

— Et tous les soldats lui jettent leurs joyaux?

— Tous. Et, je vous l'ai dit, immense est le butin. Les soldats y vont de bon cœur, car ils méprisent cette jeune et vénale coquette : « Vile créature! lui crient-ils; Grecque perfide! ignoble Éphésienne! voilà l'or demandé! voilà le prix de ta trahison!... » Ils lui en lancent ainsi tant qu'ils en ont sous la main...

— Mais cela commence à devenir sérieux!

— Ils lui en envoient un si grand nombre, que Démonice (vous avez deviné que c'est Démonice) succombe, accablée sous le poids de ses richesses. De tous côtés lui pleuvent les colliers, les bracelets, les diadèmes, les anneaux, les pendants d'oreilles, ces beaux pendants d'oreilles qu'on nommait des *crotales* et qui avaient jusqu'à trois et quatre branches terminées par des grelots d'or.

— Qu'advient-il d'elle ?

— Noyée dans les flots chatoyants de sa joaillerie, elle expire tout simplement sur la place.

— Le châtiment est sévère.

— Cruel même.

— Enfin, elle est ensevelie selon ses goûts.

— Oui, répond M. Ducamps, comme l'ivrogne qui se noierait dans un tonneau de vin.

— Tout cela, cher professeur, nous prouve l'abondance, et par conséquent la passion des bijoux, dans tous les lieux et dans tous les temps. De nos jours, on cite les diamants du duc de Brunswick, de la comtesse Dudley, etc., etc.

—Vous me citez ceux-là, chères Dames ; mais que diriez-vous si, remontant aux Romains, je vous disais : Poppée avait des pendants d'oreilles valant trois millions ; — Calpurnie en portait qui valaient six millions ; — Césonie avait un bracelet de deux millions ; — Faustine montrait à son doigt un anneau d'un million; — Domitia en avait un d'un million et demi; — Sabine se couronnait d'un diadème valant six millions; — Lollia Paulina ne paraissait en public que couverte de bijoux, que Pline évalue à quarante millions? Sénèque, indigné, s'écrie quelque part : « Ces femmes, dans leur folie, pensent que leurs maris ne seraient pas assez tourmentés si elles n'avaient à chaque oreille que la valeur de trois héritages. »

— Il y a vraiment là de quoi nous faire rentrer en nous-mêmes. Ces excès sont un peu honteux pour nous.

— D'accord, chères Dames; mais tout cela doit aussi, à un autre point de vue, vous donner à réfléchir, et vous faire demander en vous-mêmes de quelles innombrables richesses la main de Dieu à semé les domaines intérieurs de la terre...

— Oh! oui, certes!

— Et combien de fois encore, dans le cours de votre vie, n'aurez-vous pas à vous étonner, à manifester votre enthousiasme devant les bienfaits inépuisables du Créateur! Pétrarque, blâmant un de ses amis de son goût immodéré des pierreries, lui dit : « Il n'est pas de la bienséance que de grandes âmes et des génies héroïques se plaisent à l'argent ou à des pierreries, ny à pas une autre chose qu'à la beauté de la vertu; si ce n'est afin que, par ces ob-

jets passagers qui flattent les yeux, l'esprit se ré-
veille pour s'emporter plus ardemment à l'amour et
à la recherche de cette éternelle beauté, qui est la
source, la fin et l'exemplaire de toutes les autres. »

— N'est-ce pas un peu austère ?

— Peut-être ; mais j'y vois que, malgré son
blâme, le poëte de Laure reconnaît la beauté de ces
choses. Maintenant, pour revenir à la note fonda-
mentale de cette conférence, je vous citerai de nouveau Pétrarque, raillant un prince de ce qu' « il
manie un sujet d'un prix infiny, mais de nulle efficace
et de nul employ. En effet, toutes ces pierres précieuses ne sont que d'inutiles amusements. »

— Il a raison, dit Lucie.

— Et, ajoute Jeanne, je pensais comme lui quand
je retirais mes boucles d'oreilles.

— J'ai aussi retiré les miennes, reprend sa sœur.

— Oui, toutes les deux, nous avons accompli le
sacrifice.

— Et bravement, dit M. Giraud. J'aime les dé-
cisions prises de la sorte : une bonne pensée, et
l'action après, sans hésiter.

— Décidément, vous nous approuvez ?

— Jamais, je vous le répète, je n'aurais cru de
mon devoir de vous parler de cette modification dans
votre toilette ; jamais je n'aurais osé vous en souffler l'idée ; mais, puisque c'est fait... c'est bien fait.

— Tant mieux ! Et nous sommes d'autant plus contentes que nous nous sentons appuyées de votre assentiment.

— C'est moi, reprend le professeur, qui suis heureux de voir que, seules, spontanément, vous êtes à même de prendre un bon parti. Ce n'est pas à dire que j'exigerais cela de toutes les dames ; il ne faut jamais trop de zèle, surtout jamais trop d'exigence. A celles qui, pour n'importe quelles raisons, tiennent à leurs bijoux, je dirai : « Gardez-les ! » Mais à celles qui, comme vous, auront la force de prendre sur elles de s'en dépouiller, j'applaudirai, en me disant : « J'ai devant moi des femmes fortes !... »

— En herbe, ajoute en riant madame Ducamps.

— L'herbe grandit, répond Jeanne avec un profond sérieux...

. . . .

Et l'on se sépare.

XIII

LA PARFUMERIE

SOMMAIRE

Exclamations ! — La caisse de l'amie. — Il y en a toujours ! — Et
on n'en a guère besoin. — Point de départ. On causera sur la
Parfumerie. — Origine reculée. — Le prophète Énoc. — Jézabel
et Racine. — Les Tyriens. — Juifs et Chrétiens. — Chinois,
Scythes, Égyptiens, Grecs. — Personnages d'Homère. — Solon,
Lycurgue, Socrate. — « Allons aux parfums ! » — Alexandre envoie de la myrrhe à son précepteur. — Les Romains. — Us et
abus. — Plautius. Vespasien. — Chevelure bleue. — Les dames
russes. — Pierre le Grand. Élisabeth. — Le Parlement. — Aux
débuts de la monarchie. — Charlemagne. Aroun-al-Raschid. —
De François 1er à Henri IV. — L'hôtel de Rambouillet. La Régence. — Lady Montaigu. — Le maréchal de Richelieu. — Marie-
Antoinette. — Joséphine. — Flèche décochée. — Nicolas de
Monteau. — Brébeuf. Six de ses épigrammes. — Double étymologie. — Essences. — Voyage à travers les cosmétiques. — Curiosités. — Gammes des odeurs : Clef de Sol, clef de Fa. — Clavecin *oculaire*. — Bouquet accord de Sol. — Antithèse. — Nour-
ris de l'odeur. — Dangers des cosmétiques. — Saint Augustin.
Pétrarque. — Fin de la conférence.

XIII

LA PARFUMERIE

(COSMÉTIQUES. — PARFUMS. — ODEURS)

— En voilà, de la marchandise !

— Eh ! mon Dieu ! qu'allons-nous faire de tout cela ?

— Nous aurions de quoi monter une petite boutique, avec ces mille objets.

— Ce serait un moyen de les écouler.

— Bah ! nous ne manquerons pas de voisines et d'amies plus friandes que nous de ces choses, et, s'il n'y a rien de nuisible, nous ferons des heureuses.

Ces exclamations et ce dialogue s'improvisaient autour d'une caisse que mesdemoiselles Ducamps venaient de recevoir. A l'aide d'un marteau et d'un ciseau, Antoine l'avait ouverte, — et l'on ne cessait d'en sortir des paquets, des pots, des flacons, des sachets et des petites boîtes.

— Allons, bon ! s'écrie Jeanne ; voilà des savons à la glycérine !

— Et de la pommade à la violette de Nice ! reprend Lucie.

— Et des crèmes de beauté !

— Et de la poudre de riz !

— Et de l'eau de lavande, de benjoin !

— Et des extraits triples de fleurs de France !

— C'est la jeunesse et la fraîcheur à perpétuité ?

— Oui, réplique la maman, si tous ces produits étaient sincères et efficaces ; mais...

— Enfin, c'est égal ; nous en avons à profusion, et cette chère Louise n'a point mis de parcimonie dans son cadeau.

C'était, en effet, un envoi gracieux qu'une ancienne amie leur faisait, pour les remercier d'un tout petit service qu'on lui avait rendu.

Elle habitait Grasse, l'une des villes où il se fabrique le plus de parfums et de senteurs, « le sol natal des plantes aromatiques », et elle n'avait rien trouvé de mieux à envoyer qu'un bel échantillon des préparations odoriférantes de son pays.

M. Giraud, qu'on avait gaiement appelé pour le

déballage, y assistait avec sa bonhomie habituelle.
Mais, dans sa bonhomie mêlée de finesse, il re-
gardait alternativement ses élèves et les flacons,
et semblait demander aux unes si elles allaient se
servir des autres.

— Oh! que nenni! s'écrie vivement Jeanne, ré-
pondant à l'interrogation muette du vieil ami. Nous
n'avons pas encore besoin de « réparer des ans
l'irréparable outrage »...

— Et quand le moment sera venu, ajoute Lucie,
nous laisserons faire à la nature. Tant qu'on est
jeune, cosmétiques et parures n'ajoutent guère à
la beauté; quand on est vieux, ils peuvent encore
moins la remplacer.

— Comme tu es philosophe, ma sœur!

— Il n'est pas moins vrai que Louise est bien
gentille, et qu'il faudra la remercier.

— Sans le moindre doute.

— D'autant plus que son envoi peut être intéressant à un autre point de vue que votre usage personnel.

— Vous croyez, monsieur Giraud?

— La Parfumerie est un commerce très-impor-
tant. Grasse, Avignon, Montpellier, Marseille, Bor-
deaux sont au premier rang pour certains de ses
produits. Il est telles de ces localités qui absorbent
les fleurs de tous les jardins environnants. Cette

branche de l'industrie donnerait donc lieu à des études instructives et piquantes...

—Cher professeur, interrompt tout à coup Jeanne, c'est presque une offre que vous nous faites là.

— Moi, chère enfant ! Laquelle ?

— De prendre, ce soir, pour sujet de votre conférence, la *Parfumerie*.

— J'applaudis à l'idée.

— Inattendue...

— Et bonne, n'est-ce pas ?

— Je ne suis pas éloigné de le croire, répond avec un calme modeste le vieux professeur.

— Eh bien ! monsieur Giraud, c'est dit. Quand vous voudrez nous faire signe, nous nous asseoirons, et vous commencerez l'étude dont le hasard, cet organisateur capricieux et complaisant, vient de nous souffler le titre.

— Puisque le sujet vous plaît, j'en suis bien aise ; il ne me déplaît pas, à moi, et je m'apprête.

En un clin d'œil on est assis, et M. Giraud prend la parole :

— Si nous voulons rechercher l'origine de la Parfumerie, nous remonterons jusqu'aux temps bibliques. Ce fut, dit le prophète Énoc, l'ange Azariel qui apprit cet art aux femmes avant le déluge. Job, dont l'une des filles était coquette, l'appelle

« vase d'antimoine ». A propos de Jézabel, vous savez les beaux vers de Racine?

— Oh! oui, répond Jeanne, qui en a déjà cité un :

> Même elle avait encor cet éclat emprunté
> Dont elle eut soin de peindre et d'orner son visage
> Pour réparer des ans l'irréparable outrage.

— C'est cela. Eh bien, ces vers ne sont qu'une magnifique paraphrase d'un passage de Samuel. On sait, d'autre part, que les Tyriens mêlaient déjà le commerce des parfums à celui de l'or et des pierreries qu'ils recevaient de l'Inde. En reprenant la chose à un point de vue plus élevé, l'Orient se présente à nous avec son luxe de végétation, et nous voyons les premiers peuples, désireux de rendre hommage au maître de toutes choses, tâcher d'extraire les parfums des fleurs, et les lui faire agréer en les répandant ou les brûlant sur les autels de ses temples.

— De sorte que la parfumerie d'alors est presque d'origine religieuse?

— Comme la danse et maintes autres pratiques encore, qui depuis ont bien dégénéré. Mais si les Juifs brûlaient des parfums sur les autels, s'ils en répandaient même sur les morts, ils n'en faisaient pas un abus excessif pour leur toilette. Quelques-uns, plus tard, se touchèrent de senteurs pour le repas. A l'exemple des Juifs, les chrétiens firent brûler l'encens dans leurs cérémonies.

— En cherchant bien, il me semble que l'on trouverait le goût des parfums chez tous les peuples.

— Certainement. Les Chinois en sont très-friands. Ils l'employaient et l'emploient partout : dans leur culte, dans leur toilette, et jusque dans leur cuisine. J'ai à peine besoin de vous parler de certaines contrées asiatiques dont jadis les religieux habitants ne faisaient leurs prières que devant un feu entretenu de bois odoriférants, et qui aspergeaient leurs hôtes d'essence de rose. Les femmes scythes se préparaient un enduit pour le visage avec de l'encens, du cèdre et du cyprès. En Égypte, les dames portaient sur elles des sachets parfumés. Vous savez, d'ailleurs, par l'état de conservation de leurs momies, de quelle valeur devaient être leurs aromates et leurs baumes. Vinrent les Grecs, dont la mythologie attribuait aux dieux l'invention des parfums. Comme les Juifs, ils en répandaient sur leurs morts. Les personnages d'Homère en font souvent usage.

— Oui, je me rappelle Vénus versant une liqueur précieuse sur les restes d'Hector.

— Et Ulysse, qui allumait des cassolettes pendant

ses repas. Les sages blâmèrent ces coutumes. Solon, Lycurgue, Socrate avaient essayé de les proscrire; mais rien n'y fit : Athènes, la capitale du goût et de la légèreté, poussa l'art des parfums jusqu'au dernier degré de raffinement. On se donnait rendez-vous dans les boutiques des parfumeurs, et, de même que chez nous l'on dit : « Allons au café », chez les Athéniens on disait : « Allons aux parfums ». On parfumait la salle du banquet; les convives se parfumaient la tête. Les athlètes oignaient et parfumaient leurs membres. « Le médecin de l'impératrice Plotine, Criton, écrivit un ouvrage sur la *cosmétique* ou l'art d'embellir ». Eschine, l'un des élèves de Socrate, n'avait rien trouvé de mieux que de devenir parfumeur.

— C'est singulièrement profiter, je trouve, des leçons d'un philosophe !

— Alexandre fit mieux. Son précepteur, nommé Léonidas, lui adressait ce reproche : « Vous pourrez vous montrer généreux et prodiguer ainsi la fumée dans les sacrifices, quand vous aurez conquis le pays qui produit l'encens ». Le roi se souvint. Une fois l'Arabie conquise, il envoya à son ancien maître une ample quantité d'encens et de myrrhe.

— C'était une gentille attention sans doute; mais il eût bien autant valu qu'il ne conquît pas l'Arabie.

— Les conquêtes, moi aussi, me font toujours frémir.

— Ce serait si bon aux peuples de dormir et de laisser les autres dormir tranquilles chez eux !

— Nous n'en sommes pas quittes ; nous arrivons aux Romains.

— C'est vrai que nous aurons fort à compter avec ces durs conquérants du monde.

— Est-ce qu'ils se plongèrent beaucoup, eux si rigides d'abord, dans la mollesse des parfums ?

— Avec la même fureur que dans la brutalité de leurs guerres. Quand les parfums — dont Pline fait remonter l'origine au règne de Darius — leur vinrent de la Grèce, Rome les prohiba d'abord avec rigueur. Mais les Romains n'avaient pas mis le pied dans l'Inde, dans l'Égypte, et surtout dans l'Arabie pour n'en rien rapporter, et ils joignirent les parfums de ces contrées à ceux de l'Italie et de la Gaule. Ils en usaient avec une profusion telle que je serais effrayé d'en essayer la liste : bains, chambres, lits, mets, boissons, tout en était saturé. Il n'était pas une cérémonie, festin, spectacle, réunion, etc., qui ne donnât matière à aspersions de senteurs ; les bûchers des morts en ruisselaient ; des proscrits, parmi eux Plantius, se croyant bien cachés, se trahirent par les odeurs émanant de leurs retraites ; des solliciteurs se firent éconduire à cause de leur trop forte *odorance* : « J'aimerais mieux que tu eusses senti l'ail », répondit Vespasien en renvoyant un jeune musqué qui lui demandait une lieutenance.

— J'admire les derniers traits, qui prouvent à quel degré le goût des Romains était enraciné.

— Il l'était profondément, et à tout prix, car ils avaient des parfums coûtant jusqu'à 400 deniers la livre. En parcourant les poëtes latins, principalement les satiriques, on suivrait on ne peut mieux l'historique de cet excès. On y verrait non-seulement les usages courants de cette coquetterie, mais des excentricités sans nom : des femmes, pour ne citer que cela, se teignant la chevelure en bleu.

— Par exemple !

— Et bien d'autres folies que je vous supprime. Si nous avions du temps, je vous ferais suivre le cours de cette passion chez les principaux peuples modernes…

— Cela pourrait compter pour une soirée parfumée !

— Aussi ne veux-je point enfoncer notre causerie dans ce dédale. En passant, je vous signalerai les grandes dames russes du temps de Pierre le Grand, lesquelles s'arrachaient les sourcils pour les remplacer par une épaisse couche de plombagine. Les Anglaises, sans s'épiler à ce point, ne sont pas restées en arrière dans ce culte de l'odorant. C'est sous le règne de la « grande » Élisabeth que la manie prit son grand essor. Les boîtes à parfums, les flacons d'essences, les boules de senteur se glissaient dans les coins des chambres, se suspendaient au cou, se portaient dans les poches; les manteaux, les gants, les souliers, tout était parfumé. Plus tard, l'abus étant trop manifeste, on voulut sévir. Un acte du parlement fulmina contre les objets composant l'arsenal d'une coquette. Il édicta des peines qui assimilaient les parfums, les faux cheveux, les crépons d'Espagne « à la sorcellerie et autres manœuvres », le tout pour faire plus de bruit que de besogne et ne pas empêcher grand'chose.

— Et chez nous autres Français, la cosmétique a-t-elle été en grand honneur?

— Le plus grand nombre des parfumeurs de Rome étaient Gaulois.

— Bon commencement !

— Clotilde ne dédaignait pas les baumes; Brune-haut, Galsuinte y avaient également recours. En parcourant nos vieux chroniqueurs, on trouve mille détails piquants à ce sujet. Les parfums leur étaient si chers, à ces braves aïeux, que chez eux on n'en était pas même sevré par la mort; des cassolettes brûlaient dans les cercueils. Des sources nouvelles ne cessèrent de s'ouvrir : les relations de Charle-magne avec Aroun-al-Raschid; l'invasion des Arabes en Espagne ; les croisades et la découverte de l'Amérique amenèrent successivement l'usage de nombreux parfums.

— Je comprends les ressorts de toutes ces provenances.

— Vient l'époque de François Ier et de Catherine de Médicis. La parfumerie était alors représentée par des Italiens. Un immense abus envahit aussi cette période. Sous Henri III, on prodiguait les parfums partout : sur les vêtements, les cheveux, les gants, les chaussures ; dans les bagues, les bracelets, les colliers ; dans les boissons, les aliments, etc. On ne peut guère dire où cet excès se serait arrêté, sans la réaction causée par la fatalité des gants de la reine de Navarre...

— Dont vous nous avez parlé ?

— Oui. Henri IV n'aima pas beaucoup les odeurs ; mais, grâce à la belle Anne d'Autriche, elles reprirent un peu de vogue sous Louis XIII. Le « précieux » hôtel de Rambouillet se blanchissait les mains avec des pâtes venues d'Espagne. Louis XIV détestait les parfums ; l'encens de la louange lui suffisait. Les parfums furent donc bannis sous son long règne. La régence les remit en faveur. Sous Louis XV, on s'appliquait des couches si épaisses sur le visage, que c'était un véritable badigeon de poudre, de céruse et de rouge.

— Mais on devait être affreux !

— *Affreuse*, vous voulez dire. Lady Montague, visitant Paris à cette époque, en écrit ceci : « J'ai vu celles qui passent pour des beautés parmi les dames françaises ; elles sont, en vérité, dégoûtantes par leur façon de se mettre et par le fard dont elles couvrent leurs traits. Leurs cheveux crêpés ressemblent à de la laine blanche, et, avec leur visage couleur de feu, elles n'ont pas même la figure humaine ; on les prendrait pour des moutons écorchés... » Le portrait est joli, n'est-ce pas ?

— Par bonheur qu'il ne ressemble plus entièrement aujourd'hui, je crois.

— Non. Mais, pour continuer, voyez cette toquade d'un autre genre. Dans ses dernières années, le maréchal de Richelieu, vrai forcené en ce goût, avait fait disposer des soufflets qui lançaient des flots de senteurs et embaumaient l'air de ses appartements.

— C'était une fureur insensée.

— Marie-Antoinette fut délicate en fait de parfums ; elle en épura le culte. Les bains parfumés de la Grèce et de Rome reprirent naissance sous le Directoire. Joséphine marque encore une phase dans ce goût prononcé ; le reste, qui est notre époque, appartient à l'appréciation de chacun.

— Ah ! s'écrie Jeanne, monsieur Giraud qui a peur de lancer une épigramme !

— Chut! dit en riant madame Ducamps. La parfumerie contemporaine française me parait abondamment fournie et très-perfectionnée.

— Un peu trop même. Néanmoins, c'est elle qui, comme mise en œuvre, alimente toutes les capitales, on peut dire le monde entier. Plusieurs maisons respectables y tiennent à honneur de ne livrer que des produits sains ou au moins inoffensifs; mais, à côté de celles-là, combien d'autres sophistiquent effrontément et ne vendent que des mélanges dont la base est nuisible et où l'ignorance le dispute à la mauvaise foi!

— Hé! hé! cher professeur.... je vous croyais timoré; mais, en somme, quand vous vous y mettez, vous décochez bravement la flèche.

— Vous n'avez guère ménagé les pauvres femmes qui se peignent les yeux, les joues et les épaules. Elles ne replâtrent cependant ainsi la nature que pour vous plaire, ô hommes!

— Les folles! Si je pouvais les en avoir tout à fait dégoûtées, je les aurais, par là, débarrassées de bien des maux, de bien des tortures! Et je ne serais pas le seul qui eût essayé. L'auteur du *Miroir des Français*, imprimé en 1582, Nicolas de Monteau, reproche aux dames et aux demoiselles « d'employer tous les parfums, eaux cordiales, civette, musc, ambre gris et autres précieux aromates pour parfumer leurs habits et linges, voire tout leur corps ».

— Cet homme de bon sens n'est pas, il me semble, le seul auteur moderne qui ait adressé ce blâme aux femmes coquettes.

— Non certes; et, pour varier nos citations, je vais vous faire connaître quelques-unes des épigrammes de Brébeuf contre les femmes fardées. Par suite d'une gageure, il en a improvisé cent cinquante sur ce sujet...

— Cent cinquante !

— Oui, et sans se répéter.

— Quelle inspiration féconde !

— On prétend qu'un homme d'esprit goûtant peu de ce tour de force, fut défié, et qu'il en fit trois cents, également sans se répéter ni répéter Brébeuf. On les dit bonnes ; mais elles n'ont point été publiées.

— Pourriez-vous nous donner un échantillon de celles de Brébeuf ?

— Voici l'échantillon demandé. J'ai fait choix d'une demi-douzaine :

> Par les soins que Lise prend
> Et du plâtre et des pommades,
> Les visites qu'elle rend
> Sont autant de mascarades.
> Pour elle, soit bien, soit mal,
> Il est toujours carnaval :

Au logis et dans la rue,
Au temple, aux jeux, à la cour,
Nous la voyons chaque jour...
Et jamais ne l'avons vue.

*

Bien que tous les matins, par un rare secret,
    Vous deveniez votre portrait,
Si je touche après vous, gardez de vous en plaindre.
    Si l'on me voit tout de nouveau
    Vous donner un coup de pinceau,
    C'est pour vous achever de peindre.

*

    Lise a le teint blanc comme un œuf ;
    Mais il coûte plus qu'on ne pense :
    Tous les jours un visage neuf,
Certes c'est en visage un peu trop de dépense !

*

    Je ne dis rien de vos appas,
    Quoi qu'on en pense ou qu'on en die ;
    Car les yeux ne discernent pas
Si c'est l'original ou si c'est la copie.

*

    Quand de votre beauté je parle
    Chez le droguiste maître Charle,
    Il me répond d'une fierté
    Dont mon âme est tout effrayée :
    — Ce sera, dit-il, *sa* beauté
    Lorsqu'elle me l'aura païée.

*

De tous les peintres excellents
Qu'on vante le plus en ce temps,
Philis, aucun ne vous ressemble :
Leur art cède à votre secret ;
Car vous devenez tout ensemble
Peintre, Original et Portrait !

— Hé ! je trouve les pointes assez bien lancées.

— Cent cinquante de cette sorte me paraissent de nature à battre en brèche un visage.

— Je vous crois.

— Il a du talent, Brébeuf.

— C'est le traducteur de la *Pharsale* de Lucain ; c'est surtout une des victimes de Boileau.

— Dont quelques-unes, à en juger par Ronsard, commencent à ressusciter.

— Pour plusieurs, il n'y aurait que justice.

— Peut-on, cher monsieur Giraud, vous demander une étymologie pour ce mot de *cosmétique?*

— Parfaitement. Et, qui plus est, une presque double.

— Voyons-la.

— D'abord, ce mot dérive d'un substantif grec (*kosmos*), *beauté*, ou, si vous aimez mieux, du verbe (*kosmeïn*), qui signifie *embellir*, *orner;* puis, du temps de Martial, un fameux parfumeur, du nom de Cosmus, enrichit la basse latinité du mot *cosmetica*, d'où...

— Le mot demandé; très-bien !

— Maintenant, vous ne me témoignez aucun désir sur l'étymologie du mot *parfum;* la voici quand même : ce mot vient du latin *per* et *fumus* (*par fumée*), les premiers parfums en usage ayant été « ceux dont l'odeur se dégage dans la combustion ».

Les *pommades* sont ainsi nommées parce que, autrefois, on faisait entrer des pommes dans leur préparation.

— De quelles principales essences la parfumerie se sert-elle d'ordinaire dans ses manipulations ?

— Le plus couramment de celles de bergamotte, cannelle, cédrat, citron, lavande, limette, marjolaine, portugal, romarin, serpolet, thym, etc., sans parler des combinaisons, qui nuancent à l'infini.

— Quelle collection ! C'est une flore ! Un peu plus, tout l'alphabet botanique y passait !

— Et encore je ne fais que toucher superficiellement au sujet. En l'approfondissant, miséricorde ! ce serait une bien autre besogne !

— Parmi les peuplades peu ou pas civilisées, le goût des cosmétiques, des enduits parfumés, a dû produire parfois des effets bizarres ?

— Pour répondre un peu complétement à cette question, je fais un emprunt à l'un de nos vieux recueils de toutes sortes de choses. Écoutez ceci : « Que n'est-il possible de réunir dans un petit coin du monde le spectacle des femmes de tous les climats, et des moyens qu'elles emploient pour s'embellir ? Il scroit sans doute bien plaisant de voir une Groënlandoise, le visage bariolé de blanc et de jaune, à côté d'une Zemblienne, avec des raies bleues au front et au menton ; une Japonoise à sourcils et lèvres bleus, à côté d'une négresse du Sénégal, dont la peau est brodée de différentes figures d'animaux et de fleurs de toutes couleurs, près d'une Caraïbe qui s'est barbouillée de roucou ; une femme du royaume de Décan, qui s'est fait découper la chair en fleurs de diverses nuances ; enfin des têtes en pointes, des faces aplaties, des visages plâtrés de vert, de jaune, de blanc, de rouge ; d'autres piquetés à ramages avec une aiguille, et peints d'un vermillon ineffaçable ; des paupières, des sourcils teints avec de la mine de plomb, des yeux noircis par le moyen de la tutie injectée, des nez écrasés, des pieds devenus petits à force de tortures, des bras et des lèvres piquetés de bleu ; des cheveux, des pieds et des mains teints en couleur jaune et rouge ; des narines et des oreilles percées pour porter des coquilles, des perles, des pierres précieuses... »

— Le joli tableau, cette fois !

— A la bonne heure, c'est pittoresque !

— Et si j'ajoute que les Floridiennes se frottent l'intérieur et le tour des yeux avec de la mine de plomb ; que les femmes turques, à l'aide d'un poinçon d'argent, quelquefois d'or, y passent doucement de la tutie brûlée, pour les rendre noirs ; si je vous montre les Juives se jaunissant les cheveux avec de la poudre d'or ; les Germains blondissant les leurs à l'aide d'un savon de suif de chèvre et de

cendre de hêtre ; les Gaulois employant une autre
pommade pour rougir leur longue crinière ; les
femmes des îles Mariannes ayant des eaux préparées
pour blanchir leur chevelure : — vous aurez le
« tableau » bien plus complet encore.

— Grâce à ces indices, nous pouvons, quant à la
cosmétique, jeter un coup d'œil sur un grand ensemble d'époques et de populations.

— C'est de la géographie qui sent bon.

— Cette industrie a-t-elle ses curiosités?

— Il me semble que l'on pourrait mettre en ligne
de compte les fredaines que certains fards font à
certains visages, — qui, éclatants de blancheur au
sortir du boudoir, se métamorphosent en masques
noirs à l'atmosphère hostile du salon. Mais allons plus
directement à la singularité. Comme tout, dans la
création, est harmonie, des ingénieux ont établi la
« gamme des odeurs ». Je me rappelle en avoir non
pas senti, mais vu deux ; l'une en clef de *sol* (dessus),
l'autre en clef de *fa* (basse), chacune de plus de quatre
octaves. Chaque note y est traduite par un parfum.

Voici les deux premières octaves de la gamme en
clef de *sol*.

Plus vous serez musiciennes — et vous êtes déjà
d'une jolie force, — plus vous pourrez apprécier
la justesse du rapprochement :

Ré, — Violette.
Mi, — Acacia.
Fa, — Tubéreuse.
Sol, — Fleur d'oranger.
La, — Foin frais.
Si, — Aurone.
Do, — Camphre.
Ré, — Amande.
Mi, — Portugal,
Fa, — Jonquille.
Sol, — Seringa.
La, — Fève de Tonquin.
Si, — Menthe.
Do, — Jasmin,
Ré, — Bergamote, etc.

clef de sol (dessus).

— Eh bien, cher professeur, voilà un art musical dont je ne me serais jamais douté !

— Vous ne nous priverez pas de la seconde de ces gammes si originales !

— Certainement non, si cela vous amuse. En voici donc aussi les deux premières octaves.

— C'est le cas de dire que nous savourons votre musique.

— Je vais tâcher de retenir ces notes d'un nouveau genre, et, quand je me promènerai dans le jardin, j'essayerai de me jouer des airs en courant à travers mes fleurs...

— Le clavier sera d'une belle étendue !

— Trêve aux divagations !

— Ecoutez bien :

Do, — Patchouli.	
Ré, — Vanille.	
Mi, — Giroflée.	
Fa, — Benjoin.	
Sol, — Frangipane.	
La, — Storax.	
Si, — Girofle.	
Do, — Santal.	clef de *fa* (basse).
Ré, — Clématite.	
Mi, — Rotang.	
Fa, — Castoréum.	
Sol, — Pergulaire.	
La, — Baume du Pérou.	
Si, — Julienne et œillet.	
Do, — Géranium, etc.	

— Nous avons *respiré* vos octaves...

— Dites-moi, monsieur Giraud, interrompt M. Ducamps, votre curieuse citation me rappelle un certain *clavecin oculaire* sur lequel je serais bien aise que vous pussiez m'édifier de nouveau. Ma mémoire a un peu laissé partir cela.

— Le père Castel voulait, à l'aide des couleurs, faire pour les yeux ce que les autres instruments, à l'aide des sons, font pour les oreilles. Son *clavecin oculaire* était un instrument à touches, analogue au *clavecin auriculaire*, composé d'octaves de couleurs par tons et demi-tons, et destiné à donner à l'âme, par la vue, des sensations de *mélodie* et d'*harmonie de couleurs*, aussi agréables que celles de *mélodie* et d'*harmonie de sons*, que le clavecin ordinaire lui communique par l'ouïe. — Aux cinq toniques de sons, *ut*, *ré*, *mi*, *sol*, *la*, correspondaient les cinq toniques de couleurs, *bleu*, *vert*, *jaune*, *rouge*, *violet*, etc. Dans cet ingénieux instrument, l'on voyait naître en couleurs tout ce que nous avons en sons, etc. Je mets fin aux détails.

— De sorte qu'avec ces diverses inventions, nous pouvons déjà *entendre*, *voir* et *flairer* la musique.

— C'est assez piquant!

— Pour revenir à notre thème, un parfumeur est un artiste, alors?

— Il faut qu'il le soit pour composer des bouquets harmonieux. « Comme un peintre fond ses couleurs, dit le savant chimiste S. Piesse, de même un parfumeur doit fondre les aromes ».

— Je serais très-désireuse d'avoir une idée de ces bouquets.

— En voici un que j'ai retenu :

<table>
<tr><td>Basse.</td><td></td></tr>
<tr><td>*Sol*, — Pergulaire.</td><td rowspan="8">bouquet accord de *sol*.</td></tr>
<tr><td>*Sol*, — Pois de senteur.</td></tr>
<tr><td>*Ré*, — Violette.</td></tr>
<tr><td>*Fa*, — Tubéreuse.</td></tr>
<tr><td>*Sol*, — Fleur d'oranger.</td></tr>
<tr><td>*Si*, — Aurone.</td></tr>
<tr><td>Dessus.</td></tr>
</table>

— Et dès l'instant que la gamme existe, on peut varier ces bouquets à l'infini?

— Comme les sons. J'ajoute une remarque faite par l'auteur de cette musique de l'odorat, « c'est que les odeurs préférées des jeunes gens sont celles de la basse (clef de *fa*), tandis que les personnes plus âgées aiment mieux celles du dessus (clef de *sol*) ».

— Encore une singularité.

— Une antithèse, qui tient sans doute à une harmonie cachée de la nature.

— En effet, c'est original.

— A propos d'original, je pourrais vous faire connaître une croyance de certains vieux auteurs.

— Vous savez que nous aimons beaucoup les légendes.

— C'est au moins aussi bizarre. « Il se trouve, selon eux, un certain peuple près de la source du Gange, qui ne mange *jamais rien*, mais se nourrit *de l'odeur* d'un fruit sauvage. De telle sorte que ceux qui vont en voyage ne portent que de ce fruit vital... »

— L'étrange imagination !

— Et à tout ce que je viens de vous effleurer qu'ajouterai-je? J'aurais bien encore à vous apprendre comment on est parvenu à donner aux fleurs artificielles leurs odeurs naturelles ; mais ce serait peut-être empiéter un peu trop sur le domaine du distillateur...

— Qui, ai-je lu quelque part, ne réussit pas toujours à conserver exactement, dans sa distillation, les odeurs fournies par les plantes.

— Plusieurs parfums se modifient en passant par l'alambic.

— Y aurait-il intérêt à creuser davantage l'étude de cette industrie? Nous l'avons, d'après une de vos phrases, plutôt parcourue superficiellement qu'approfondie.

— Je préfère vous laisser libres, car j'ai causé longtemps; seulement je ne terminerai pas sans appeler de nouveau votre attention sur les dangers des cosmétiques, des parfums, et même des odeurs dont il faut éviter l'excès. « Je ne m'en mets point en peine, disait saint Augustin; je ne les cherche point quand elles manquent, ni ne les refuse alors qu'elles se présentent, quoique je sois toujours en disposition de m'en passer absolument. »

— Vous prêchez des converties, monsieur Giraud.

— Je le sais. Aussi n'est-ce que pour attacher à ma conférence sa fin logique, sa conclusion morale, que j'ai hasardé ce conseil. Sans parler des simples accidents venus de l'antipathie pour une fleur, un parfum — syncope devant une rose, spasmes ner veux devant de la fleur d'oranger, etc., etc., — je vous signale les accidents mortels déterminés par la présence de bouquets ou de certains fruits dans la pièce où l'on couche.

— Ah ! cher professeur, c'est bien vrai ; je me rappelle une charmante amie, un peu imprudente, qui a failli mourir pour avoir couché dans un cabinet où l'on avait entassé des coings.

— Et que d'accidents de ce genre qui ont eu une fin encore plus tragique ! Fleurs et fruits, dans ces conditions, sont fort à craindre, et si, imprudemment, on les laisse faire, ces produits délicieux et charmants deviennent alors de terribles meurtriers.

— On ne saurait aller trop loin dans ces sortes de précautions...

— Des pommes même ont causé de graves malaises. Mais j'insiste davantage sur le danger des fleurs. Veillez donc, mesdames et mesdemoiselles, à ne jamais vous laisser prendre aux séductions d'un bouquet. C'est délicieux à voir ; cela semble innocent comme tout, et, quand on n'y pense plus, voilà que ces odeurs traîtresses se dégagent en trop grande quantité, occasionnant des troubles, des douleurs, des vertiges... et parfois la mort !

— C'est la pastorale qui tourne au drame.

— Songez-y sérieusement.

— Sérieusement nous y songeons.

— Quant à nous, soyez tranquille. Nous soignerons notre sommeil.

— Eh bien, il est temps de l'aller prendre, et je vous le souhaite bon.

— A propos, monsieur Giraud, conseillez-nous sur ce que nous devons faire de l'abondant envoi de Louise.

— Pas grand'chose. Laissez-moi réfléchir. Demain je présiderai au choix possible... En attendant, voici deux lignes de Pétrarque : « Veux-tu aimer avec honneur et avec profit une bonne odeur? Aime celle de la bonne réputation, qui est fort douce... »

— Excellente parole !...

— Méditez-la. Faites-la méditer à vos amies... Et bonne nuit.

Effectivement, il était tard. Chacun se dit bonsoir et gagna sa chambre.

XIV

LE TISSAGE

SOMMAIRE.

XIV

LE TISSAGE.

(COTON, LAINE, LIN, CHANVRE, ETC.)

C'est l'heure de la causerie du soir.

La famille est réunie...

J'allais ajouter : « comme de coutume ». Mais je ne peux le dissimuler ; une fantaisie s'est produite, nouvelle assurément, étrange même, et qui donne une physionomie particulière à la réunion.

On attend encore l'arrivée de M. Giraud.

Chacun est à son poste. L'auditoire, déjà au grand complet, s'est assis sur les chaises consacrées et habituelles, — à l'exception de Lucie, qui, d'un air espiègle, occupe...

Devinez quel siége !

16

Le fauteuil du professeur !!!...

— Ah çà ! Lucie, lui dit sa mère en riant, tu n'y penses pas. M. Giraud va venir. Laisse-lui donc sa place libre.

— J'attends que M. Giraud vienne, maman... et je l'attends de pied ferme.

— Grand Dieu ! on dirait que tu le menaces !

— J'ai à le réprimander.

— A la bonne heure ! L'élève va donner une leçon au maître !

— Une leçon, non ; mais un rappel à l'ordre.

— Bien ! De quoi donc s'est-il rendu coupable ?

— D'un oubli...

— Moi, mademoiselle ? demande avec aménité, mais cependant avec surprise, le professeur, qui entre juste au même moment.

Lucie reste un peu interdite ; elle est interrompue plus tôt qu'elle ne s'y attendait. Mais, comme son parti était bien pris, elle se remet promptement.

— Oui, monsieur Giraud, répond-elle ; oui, monsieur Giraud. Voilà mon cahier... car je prends des notes après chacune de vos conférences...

— Et sur ce cahier ?...

— Sur ce cahier il y a le titre d'un sujet promis... et que vous n'avez point traité.

— Vous êtes bien sûre de cela, mademoiselle Lucie ?

— Oui, monsieur Giraud.

— Ah ! vieil Evariste ! s'exclame alors l'hôte bien aimé du château. Tu n'en feras donc jamais d'autres !... C'est bien la peine d'avoir un professeur pour qu'il ne remplisse pas son programme !... Joli cours que tu fais là !... J'ai beau chercher, pourtant... Chère demoiselle, je vous en prie, dites-moi quel sujet j'ai oublié.

— Un jour, vous nous avez promis la soie... la soie est venue. Mais, auparavant, en nous parlant de l'art de filer, vous nous aviez fait entrevoir le tissage...

— Et le tissage est resté en route ! C'est exact. Je me rappelle ma promesse non tenue.

— Une promesse « non tenue... », monsieur Giraud ne peut pas la garder sur la conscience.

— Non, assurément.

— Dans ce cas, le procès est gagné. Nous sommes fixées pour aujourd'hui.

— J'entrevois. Vous désireriez ?...
— Combler la lacune.

— Bon ! c'est pour le coup que je ne suis pas préparé !

— Monsieur Giraud l'est toujours.

— Plus ou moins. Mais, enfin, je ne veux pas me soustraire à l'obligation... Je vais tâcher de payer ma dette. Laissez-moi aller choisir quelques volumes, et je suis à vous.

Il va, et revient aussitôt.

Pendant ce temps, Lucie a triomphalement regagné sa place.

— Me revoilà, dit l'aimable vieillard de retour. Et, puisque je suis forcé d'improviser sur le *Tissage*, je commence.

— Cher professeur, parlez !

— Le sujet de cette causerie est trop multiple pour que je songe le moins du monde à être complet. Il touche à un très-grand nombre d'industries, et plusieurs de celles que nous avons déjà étudiées le côtoient forcément : tapis, dentelles, tricots, broderies, filature, soies, etc., tout cela tient au tissage ; car toutes ces spécialités, et bien d'autres encore, sont groupées, dans le commerce moderne, sous la rubrique *tissus*.

— Ce serait alors une de vos plus longues conférences ?

— Si je m'étendais, oui ; mais, au contraire, je veux me restreindre le plus possible. Je butine donc en effleurant.

— N'abrégez pas trop, pourtant.

— En vous parlant du fil, je vous ai montré quels durent être les premiers vêtements des hommes...

— Oui, des écorces, des feuilles, des herbes, des joncs, puis des peaux d'animaux.

— Il y a loin de ces éléments primitifs aux splendides étoffes que nous employons tous aujourd'hui !

— Certes ! c'est plus qu'un pas ; c'est un trajet, un perfectionnement immense.

— Après vous avoir dit que d'anciens mémoires de la Chine veulent que Tchin-Fang, un des premiers souverains de ce pays, ait appris aux hommes à préparer la peau des animaux en en ôtant le poil avec des rouleaux de bois, — je vous lirai une page ou deux de Goguet, où vous verrez clairement les débuts du tissage.

— Nous écoutons la lecture.

— L'érudit s'exprime de la sorte : « On ne peut rien dire de précis sur l'usage et l'emploi que les peuples ont fait originairement des matières filées. Il est probable qu'on aura fait bien des essais et composé différents ouvrages, comme des tresses, des réseaux, etc., jusqu'à ce qu'enfin, et par degré, on ait trouvé le tissu à chaîne et à trême, invention la plus utile, peut-être, qui soit dans la société. En effet, c'est par le moyen de cet art que nous tirons de presque tout ce qui nous environne des matières propres à nous couvrir d'une manière également commode et magnifique.

« Il y aurait peut-être bien des conjectures à former sur l'origine de la tisseranderie. On pourrait dire, avec un ancien, qu'on est redevable de l'invention de cet art à l'araignée : on fit attention à la manière dont cet insecte ourdissait sa toile; on remarqua qu'il se servait du poids de son corps pour diriger et assujettir ses fils, etc. Sans m'arrêter à tous les raisonnements plus ou moins vraisemblables qu'on peut former à ce sujet, je pense que l'idée des tissus à chaîne et à trème a pu venir aux premiers hommes, d'après l'inspection de l'écorce intérieure de certains arbres. On en connaît qui, à la rudesse et à la roideur près, ressemblent extrêmement à de la toile; les fibres en sont arrangées l'une dessus, l'autre de travers, et croisées presque à angles droits. Je crois donc que la manière dont les filaments de ces écorces sont disposés a pu donner l'idée des tissus à chaîne et à trème.

« A considérer la quantité et la diversité des machines que nous employons aujourd'hui dans la fabrique de nos étoffes, on ne se persuaderait pas facilement que, dès les siècles dont nous parlons, les peuples eussent pu se procurer rien de semblable ou même qui ait pu en approcher; il est aisé cependant de le concevoir, si, au lieu de s'arrêter à nos pratiques ordinaires, on réfléchit aux métiers qui sont encore aujourd'hui en usage chez plusieurs peuples.

« La simplicité et le petit nombre des outils dont on se sert encore présentement dans les grandes Indes, en Afrique, en Amérique, etc., peuvent servir à expliquer comment, dès les temps les plus reculés, on sera parvenu à fabriquer des étoffes. Quoique privés de la plus grande partie des connaissances dont nous jouissons, les ouvriers de ce pays exécutent des étoffes dont on ne peut se lasser d'admirer la finesse et la beauté : une navette et quelques morceaux de bois sont les seuls instruments qu'ils emploient. Les premiers peuples auront donc pu, à l'aide de ces faibles secours, travailler de bonne heure des tissus à trème et à chaine.

« Quoi qu'il en soit, l'invention de la tisseranderie remonte à une très-haute antiquité : Abraham, refusant le butin que lui offrait le roi de Sodome, dit qu'il ne prendra rien depuis le fil de la trème jusqu'à la courroie des souliers; Moïse dit qu'Abimélech fit présent d'un voile à Sara; il remarque que Rébecca se couvrit aussi d'un voile en apercevant Isaac; Jacob avait donné à son fils Joseph une tunique d'un tissu rayé de plusieurs couleurs; Moïse nous apprend encore que Pharaon fit revêtir ce patriarche d'une robe de coton très-fin; enfin on voit qu'il est parlé dans Job de la navette et de la toile des tisserands. Ces faits prouvent suffisamment l'antiquité des tissus à chaîne et à trème.

« Autrefois on travaillait debout les étoffes sur le métier... Les Égyptiens furent, dit-on, les premiers qui changèrent l'ancienne pratique, fort incommode et très-fatigante. Ils introduisirent l'usage de travailler au métier, assis, comme le font aujourd'hui nos ouvriers de haute-lisse, nos tisserands et nos drapiers. On sait qu'anciennement c'étaient les femmes qui filaient, ourdissaient, et teignaient même les laines et les étoffes.

« La laine et le poil des animaux sont, sans difficulté, les matières qu'on aura d'abord le plus généralement employées pour les habits. Il y a cependant plusieurs plantes, telles que le coton, le lin, le chanvre, etc., qui peuvent servir aux mêmes usages. On n'aura pas tardé probablement à travailler le coton : les grains de cet arbrisseau sont enveloppés d'une bourre très-fine et très-délicate; cette bourre a beaucoup de ressemblance avec la laine, et demande peu de préparation; on en aura donc formé de bonne heure des tissus. Ce que j'avance n'est point une simple conjecture : la robe (le savant l'a déjà dit tout à l'heure) dont Pharaon fit revêtir Joseph était de coton... »

— A l'aide de ce morceau, nous voyons en effet avec clarté les origines de l'art de tisser.

— Le passage de Goguet doit nous suffire pour tout ce qui touche à la haute antiquité. Chez les

Grecs, qui, faute de ciseaux, attendaient l'époque de la mue pour récolter la laine de leurs moutons, c'est, au dire de Pline, un nommé Nicias, de Mégare, qui trouva le moyen de fouler les étoffes. Plus tard, toute l'Attique — dont les habitants soigneux couvraient de peaux leurs brebis — fut renommée pour la fabrication des étoffes de laine et de lin.

— L'étude se complète.

— Tant mieux! car sans transition je vais arriver aux temps modernes, et encore en négligeant de vous parler de châles, de lingerie, de passementerie, de rubannerie, etc. Je ne veux faire qu'une exception, en empruntant à M. Audiganne un fragment sur l'intérêt duquel je n'ai pas besoin d'appeler votre attention à l'avance. Ensuite je ne parlerai plus que du *coton*, de la *laine*, du *lin* et du *chanvre*.

— Voyons le fragment promis.

— « Il est intéressant, dit l'auteur des *Populations ouvrières*, de savoir en combien de mains passe un fil de soie avant de faire partie des riches étoffes qu'on admire dans les ateliers ou dans les magasins. D'abord le *moulinier* et l'*ovaliste* reçoivent la soie sortant de la filature, et la montent à un ou plusieurs bouts pour former les poils, trames, organsins, grenadines. La *metteuse en main* choisit les qualités de soie, les assortit, et les met en écheveau. L'*essayeur* dévide cent tours d'un écheveau sur un dévidoir d'un diamètre convenu, et fait connaître au négociant, par le poids, le degré de finesse de la soie. Une trame est de 40, 42, 44 deniers; un organsin, de 22, 24, 25 deniers. Le ballot de soie acheté par le fabricant passe à la *condition des soies*. Là il est pesé dans des armoires grillées, et exposé pendant vingt-quatre heures à une chaleur de 18 à 22 degrés. L'humidité enlevée, on le pèse de nouveau, et l'on constate, par un certificat, le déchet subi. La soie est remise au *teinturier*, puis à la *dévideuse*, qui dévide les écheveaux sur les bobines : ceci n'a lieu que pour les organsins. Les trames sont remises en écheveaux aux *tisseurs*, qui font dévider eux-mêmes sur de petites bobines ou canettes par des ouvriers infirmes ou des enfants. L'organsin est remis ensuite à l'*ourdisseuse*, qui monte la chaîne de la soie. Cette fonction exige du goût et de l'habileté. Le *plieur* reçoit la chaîne et la dispose sur le rouleau du métier; de là la pièce est passée dans des maillons de cordes ou arcades de métiers façonnés, et dans les peignes par la *tordeuse*. Enfin, l'ouvrier *tisseur* se met à l'ouvrage. L'étoffe tissée est remise à l'*apprêteur* et au *plieur*, chargé de donner la dernière main, après quoi elle est rendue au fabricant. Ces ouvriers ne sont pas les seuls; il en est d'autres encore : par exemple, les *tireuses de cordes*, dans les étoffes à grands dessins ; les *lanceurs*, qui, dans les étoffes larges, lancent d'un côté les navettes à l'ouvrier, qui les leur renvoie de l'autre ; les *liseuses de dessins*, qui disposent les fils de la chaîne dans l'ordre voulu par le dessin, ou les poinçons qui doivent percer les cartons pour les métiers à la Jacquard ; les *repiqueurs de cartons*, qui produisent plusieurs fois le même dessin, afin qu'il soit exécuté simultanément sur plusieurs métiers. Les *noueuses de cartons* sont chargées de disposer par ordre les cartons du dessin d'une pièce, et de les attacher ensemble de façon que la chaîne sans fil le fasse passer alternativement sur le métier à la Jacquard. Les *noueuses de maillons* attachent de petits anneaux de verre aux cordes destinées à lever les fils de la chaîne. Les *tordeuses* rattachent chaque fil d'une chaîne à ceux qui restent d'une pièce achevée. Les *encantreuses* remettent la soie des bobines en écheveaux pour la faire reteindre... »

— Oh ! oh ! nous avons là toute l'odyssée du fil de soie !

— Et c'est un heureux complément de votre conférence sur ce dernier sujet.

— Je pourrais ainsi les compléter toutes. Mais...

— Au coton, à cette heure.

— Deux alinéas de M. Michel Alcan : « Il existe dans les régions orientales, entre le 30° degré de latitude et la ligne, une plante remarquable par la beauté de son feuillage et le charme de ses fleurs. Le fruit qui leur succède s'ouvre, à sa maturité, pour en laisser échapper les graines et leur enveloppe duveteuse. Pendant un nombre inconnu de siècles, ce duvet se dissipait dans l'atmosphère et retournait au sol sous forme de détritus. Bien des générations se sont succédé sans se douter de la valeur et de la destinée de cette dépouille végétale, foulée aux pieds avec indifférence, et qui n'était autre que le coton.

« Le coton naît aux Indes d'un arbrisseau qui a environ 3 pieds de hauteur; lorsqu'il est grand, il jette un fruit vert de la grosseur d'une noix. Quand le fruit commense à mûrir, il s'entr'ouvre en forme de croisée. Alors le coton commence à paraître. Lorsqu'il est tout à fait mûr, il se divise en quatre parties égales qui se séparent entièrement et qui ne se tiennent que par la tige. On cueille aussitôt le coton avec la graine y adhérant fortement... »

— Très-bien !

— C'est dans l'Inde, nombre d'années avant l'ère chrétienne, que l'industrie du coton prit naissance. Elle y demeura longtemps localisée avant de se répandre en Europe. Au Xe siècle, les Maures essayèrent, sans grand succès, de l'introduire en Espagne. Au XIVe on l'essaya de même en Italie; au XVe, dans les Pays-Bas. L'Angleterre reçut la première balle de coton en 1569. En 1678, Manchester filait et tissait déjà 900,000 kilogrammes de coton par an. Aujourd'hui, France et Angleterre comptent l'industrie du coton parmi leurs plus importantes. Chez nous, c'est à Rouen, vers 1534, qu'eurent lieu les premiers essais de ce tissage, qui, maintenant, occupe le plus d'ouvriers dans le monde.

— C'est de là, en toute évidence, que la *rouennerie* a pris son nom ?

— Précisément.

— Et le coton, d'où tire-t-il le sien ?

— Il porte un nom arabe (*al kotton*). Je me hâte. Cependant, avant de quitter ce produit, je voudrais vous montrer la fabrication primitive des *indiennes*.

— C'est avec curiosité que nous l'écouterons.

— Voici le petit tableau : « L'Indien, les jambes croisées près d'un cotonnier, trouvait à portée de sa main la fibre textile dont il savait ourdir l'élégante et solide étoffe de son pays; quelques morceaux de bois et quelques mètres de ficelle étaient son atelier; quelques racines pilées coloraient sa palette, et l'étoffe souple et brillante se vendait en Europe un prix élevé. Aujourd'hui nous sommes bien loin de cette simplicité première; aucune industrie ne demande plus d'aptitudes différentes, plus d'efforts incessants, plus de capitaux engagés !... »

— En maniant les belles indiennes de jadis, dit madame Ducamps, je ne me doutais pas de commencements aussi simples.

— J'ajoute, sans me perdre dans les détails, deux petites notes :

Dans une proclamation relative aux marchandises exportées et importées (1631), Charles Ier, d'Angleterre, fait mention de toiles de coton peintes. — Chacun connaît le superbe établissement fondé à Jouy, dans la seconde partie du siècle dernier, par Oberkampf. Les toiles perses sorties de cette manufacture n'ont été qu'en se perfectionnant et ont provoqué l'admiration générale.

— Nous en avons encore dans le château.

— Je passe à la Laine. La laine, par laquelle j'aurais pu prendre mon étude, fut, selon plusieurs érudits, la première matière filée, par conséquent la première tissée. Les anciens, chez qui dominait le sentiment de la vie domestique, n'avaient pas assez de louanges pour la femme qui la mettait en œuvre : *Lanam fecit !* disaient-ils d'elle, « elle travaille la laine !... »

— Bel éloge !

— En Grèce et à Rome, les moutons furent très-multipliés, la laine faisant partie intégrante de presque tous les vêtements. La Pouille, la Sicile, le pays de Tarente en élevaient d'innombrables trou-

peaux. Par son testament, un patricien agriculteur
en légua 200,000 à Auguste.

— La pourpre des sénateurs, interroge M. Ducamps, était d'une laine très-belle ?

— D'une laine de l'Italie méridionale. Les douze
onces coûtaient 90 francs. Le même poids en laine
de Tyr valait 834 francs. Pline nous apprend que la
teinture augmentait dans une proportion démesurée
le prix des étoffes : ce qui valait 100 francs pouvait,
teint d'une certaine couleur, en coûter jusqu'à 1000.
Le même auteur mentionne des coussins de lit
(triclinaires) qui montaient jusqu'au prix fabuleux
de 500,000 francs.

— Voilà une dépense modeste ! Il me semble que
j'aurais des cauchemars si je dormais sur des coussins pareils.

— Je ne puis ni ne veux entrer dans le développement des réglementations et modifications nombreuses qu'eut incessamment à subir cette industrie.
En fait de moutons, de béliers et de brebis méri-
nos, la France, l'Angleterre et l'Espagne se firent
des cessions et des concessions. La célèbre bergerie
de Rambouillet fut fondée (1786) à l'aide de 350
bêtes reçues d'Espagne. Dix ans auparavant, Louis
XVI avait déjà obtenu de cette nation 200 béliers.
Les premières toisons de ce troupeau furent tissées
à Elbeuf, dans la manufacture de M. L.-R. Flavigny.

— Cette industrie a toujours été en grandissant?

— Un chiffre exact que j'ai sous les yeux — vous voyez que je vous donne jusqu'à de la statistique — peut servir de réponse à cette question : en 1866, l'importation des laines brutes en France s'est élevée à 86,263,400 kilogrammes. Un journal de Londres avance que la production annuelle de la laine dans le monde entier est de 1,121,519,000 liv. (de 454 grammes).

— Certainement cela veut dire progrès, et par conséquent prospérité.

— N'avez-vous pas, en fait d'historique, à nous faire jeter un petit coup d'œil rétrospectif?

— Si, mais au galop. Avant Henri IV, fabrication restreinte. Après la Fronde, ardeur industrielle animée par Colbert. Citons deux noms célèbres dans ces fastes spéciaux : Nicolas Cadeau, l'heureux créateur des manufactures de Sedan (1646), et Gosse Van Robais, venu de Hollande à Abbeville (1665). Ai-je besoin de vous dire que l'industrie lainière a des centres à Sedan, à Abbeville, à Rethel, à Nancy, à Elbeuf, à Louviers, etc.? Vous connaissez aussi bien que moi les diverses provenances de nos draps.

— D'accord. A présent, c'est le tour du Lin.

— Du lin et du chanvre, oui, Mesdames, et je débute en faisant un emprunt à M. Alphonse Cordier : « S'il est, dit-il, une industrie que nous ayons le droit de qualifier d'indigène, c'est sans contredit celle qui a pour objet la production et la fabrication du lin. Notre sol le produit en abondance et sans trop d'efforts; à toutes les inventions, à tous les perfectionnements du travail manufacturier se rattache un nom français... »

— J'aime cette allure patriotique.

— Moi aussi. Ce début me fait plaisir.

— Dans la confection des vêtements, le lin a dû venir immédiatement après la laine. Quand je vous ai parlé du fil, vous avez vu comment les machines ont remplacé la quenouille et le fuseau. C'était pour la filature. Pour le tissage, elles vont moins vite. Nous employons encore beaucoup d'articles provenant des métiers à la main.

— La coutume, partout, est puissante, dit M. Ducamps, et il n'y a pas longtemps encore que teillage, filage et tissage n'avaient pour atelier que le toit du cultivateur.

— Parfait, cher Monsieur, réplique le professeur; et j'appuie votre opinion de quelques lignes extraites de rapports industriels : « En Normandie, la culture de cette plante, ses préparations, ont, de toute antiquité, fait partie de l'économie domestique; de même que le cultivateur prélève une part sur ses céréales pour la nourriture *de sa maison*, de même aussi il existe toujours un coin de terre dans la ferme consacré à l'usage de *chènevière*.

« A l'automne, quand les récoltes sont en grange, on procède au *rouissage*. L'hiver venu avec les longues veillées, les hommes font le *teillage* pendant que les vieilles femmes installent leur rouet au coin de la cheminée et filent sans discontinuer. Ensuite le fil est livré au tisserand du village : celui-ci, à l'exemple du meunier pour le blé, du boulanger pour la farine, moyennant une retenue consentie sur la matière, tisse la toile pour les usages du fermier. »

— En Bretagne, c'est encore comme cela.

— Oui, et dans plus d'une autre localité.

— Avant que le tisseur convertisse le lin en toile, ce lin doit avoir bien des métamorphoses à subir ?

— Il passe par trois phases principales : le *rouissage*, qui attend encore des perfectionnements; le *peignage*, dans lequel l'ouvrier anglais l'emporte sur le nôtre; et le *filage*, opération des plus complexes. — *Rouir* le lin, c'est le mettre à tremper pour en isoler les fils textiles et les dégager de l'espèce de gomme qui les imprègne; — le *peigner*, c'est diviser chaque brin, qui devient ainsi propre au filage; — le *filer*, c'est ce que vous savez. Dès qu'il est à ce point (et il subit douze opérations pour y arriver), le tisseur s'en empare et en fait son affaire.

— Quels sont les principaux lieux de provenance du lin et du chanvre?

— La France et la Belgique. — Les endroits privilégiés de la France, pour ce produit, sont le département du Nord et tous ceux formés des anciennes provinces de Normandie et de Picardie. — Les meilleures localités de la Belgique sont les districts de Courtrai et de Lokeren.

— L'industrie du lin a-t-elle marché du même pas que celles du coton et de la laine?

— Depuis plus de trente ans les mécaniques filaient le coton et la laine, et le lin en était encore à la quenouille et au rouet. Le premier empire (1810) promit « un million » à l'inventeur de la meilleure machine à filer le lin, et, sans les lourdes préoccupations de 1812 et 1813, Philippe de Girard eût obtenu cette récompense, dont plus tard (1840) le ministre du commerce le reconnut digne.

— Dès lors le lin recevait l'impulsion comme l'avaient reçue le coton et la laine?

— Justement, et je ne puis que vous laisser deviner la marche rapidement progressive de sa fabrication. Un exemple : le linge *damassé*, dont la Saxe avait jadis le monopole, se fabrique aujourd'hui en France avec une perfection plus grande.

— Cela doit le vulgariser.

— Conséquence logique. Retranché autrefois dans les maisons opulentes, il est devenu accessible aux plus modestes fortunes.

— Avez-vous quelque chose de particulier à nous dire sur la batiste ?

— Que ce chef-d'œuvre des tissus est une de nos gloires : « Il ne peut prospérer que sur le sol français », et la Belgique même est impuissante à nous égaler dans ce travail.

— Je suis toute fière que cette merveille soit aussi bien la nôtre.

— Vous ajouterai-je un mot sur la catégorie des coutils ? Les premiers se firent à Evreux, vers 1760. Les fabricants de cette ville acquirent de la notoriété. Leurs produits se reconnaissent à un filet rose au bord de chaque lisière, ce qu'on appelle le *type d'Evreux*. A côté de cette ville on pourrait encore citer Roubaix, Flers et Laval... Voilà à peu près, chères Dames, ce que je puis vous apprendre à l'aide de mes investigations improvisées.

— Quelle physionomie avait ce commerce dans ses commencements ?

— Quelques traits en courant. Dans certaines provinces, le tisserand se nommait *toilier*, *tellier*, ou *tissier*. A Paris, les maîtres tisserands formaient une communauté dont les premiers statuts datent de janvier 1586. Par ces statuts, ceux qui faisaient partie de la communauté étaient appelés « maîtres tisserands en toiles, canevas et linge. »

— Les étoffes pour meubles sont-elles d'une date ancienne ?

— Assez récente, au contraire. Sous Louis XIV, il y avait une manufacture de velours à Saint-Maur. Là se fabriquaient les velours à ramages pour Versailles. Un ouvrier, dans sa journée, en tissait dix-huit lignes, et l'aune revenait à 1000 francs.

— C'était un prix royal !

— Plusieurs villes produisent actuellement cet article : Lyon, Nîmes, Tours, Amiens et Roubaix. Dans cette fabrication, nous avons encore une supériorité marquée.

— Que je joins à celle de la batiste.

— Mais, monsieur Giraud, vous ne vous avez rien dit de l'antiquité, à propos du lin.

— En voici deux mots : toile vient du latin *tela*. C'est aux Phéniciens que l'on attribue l'invention de ce tissu. Hérodote parle de cordes faites d'écorces de chanvre. Les Samnites portèrent la toile en habits avant que les Romains en connussent l'usage. C'est dans les XII°, XIII° et XIV° siècles que se généralisa l'emploi des toiles de chanvre... et, chose digne de remarque, c'est à cette même époque que disparut la lèpre.

— Beau résultat de ce progrès de la propreté !. .

— Et de l'influence hygiénique de ce tissu délicieux.

— D'une manière ou d'une autre, on peut dire que c'est un bienfait.

— Monsieur Giraud, pour une conférence prise au vol, elle n'est ni trop nue, ni trop vide, savez-vous ?

— Grand merci à mon cher auditoire, qui me comble toujours de bienveillance !

— Méritée, certes.

— Puisque vous venez de me demander de la couleur antique, je pourrais vous citer encore quelques lignes d'érudition. Elles vous édifieraient sur l'emploi de l'or dans les tissus.

— Citez toujours.

— « Dès avant la guerre de Troye, dit Goguet, les femmes de Sidon étaient renommées par leur adresse et leur habileté à travailler en broderie... »

— Ce que nous avons vu.

— « Et en tissus de différentes couleurs. Dès lors aussi on connaissait le secret de faire entrer l'or dans le tissu des étoffes... L'Écriture marque qu'on employa beaucoup d'or dans les habits du grand prêtre et dans les voiles destinés pour le tabernacle. Comment préparait-on alors ce métal pour la fabrique des étoffes ? Était-il, comme aujourd'hui, tiré à la filière, écaché, dévidé et tourné sur d'autres fils ?

Ou bien était-il simplement de l'or battu au marteau en feuilles très-minces, coupées ensuite, par le moyen du ciseau, en petites lames ou tranches longues et étroites qu'on faisait entrer dans la tissure des étoffes ?...

« Le texte de Moïse dit expressément que l'or fut réduit en lames très-minces, afin qu'on pût le *tourner* et plier pour le faire entrer dans le tissu des autres fils de diverses couleurs...

« L'art de faire entrer l'or dans le tissu des étoffes devait être connu dans plusieurs contrées, dès les siècles que nous parcourons maintenant. Homère parle de la ceinture de Calypso et de celle de Circé, etc., etc... »

— Employa-t-on aussi l'argent ?

— Pline n'en parle pas, et tout porte à croire que l'or seul entra dans les éléments du tissage.

— Nous nous contentons de cette autorité.

— Un mot pour finir. Ce sera le *post-scriptum* de l'ensemble de mon étude. Des tombeaux du x° siècle ont été découverts dans des fouilles pratiquées à Saint-Germain des Prés. Dans ces tombeaux on a trouvé des étoffes anciennes : coupons de taffetas à tissus plus ou moins serrés, galons de différentes largeurs, étoffes à dessins, étoffes gaufrées, rubans, draps, étoffes de laine, et calemandes moirées. « Tous ces tissus ont été exécutés par des pro-

cédés analogues à ceux qui sont employés de nos
jours », etc., etc. En fin de compte, on tendrait à
conclure que « toutes les étoffes tirées des tombeaux de Saint-Germain des Prés sont les produits
de l'industrie gauloise des temps reculés, adoptés par
les Français à cette époque », et que « l'on doit considérer ces étoffes comme les monuments de la tradition des tissus qui s'est transmise jusqu'à nous ».

— Effectivement, voilà qui clôt on ne peut mieux
l'excursion rapide de ce soir.

Tenons-nous-en donc là. Monsieur Giraud est
peut-être fatigué. Souhaitons-nous le bonsoir à
tous...

— Et allons nous coucher.

— Bon sommeil dans vos doux tissus de lin!...
dit le bon vieux professeur, et à vous dès que vous
me ferez signe.

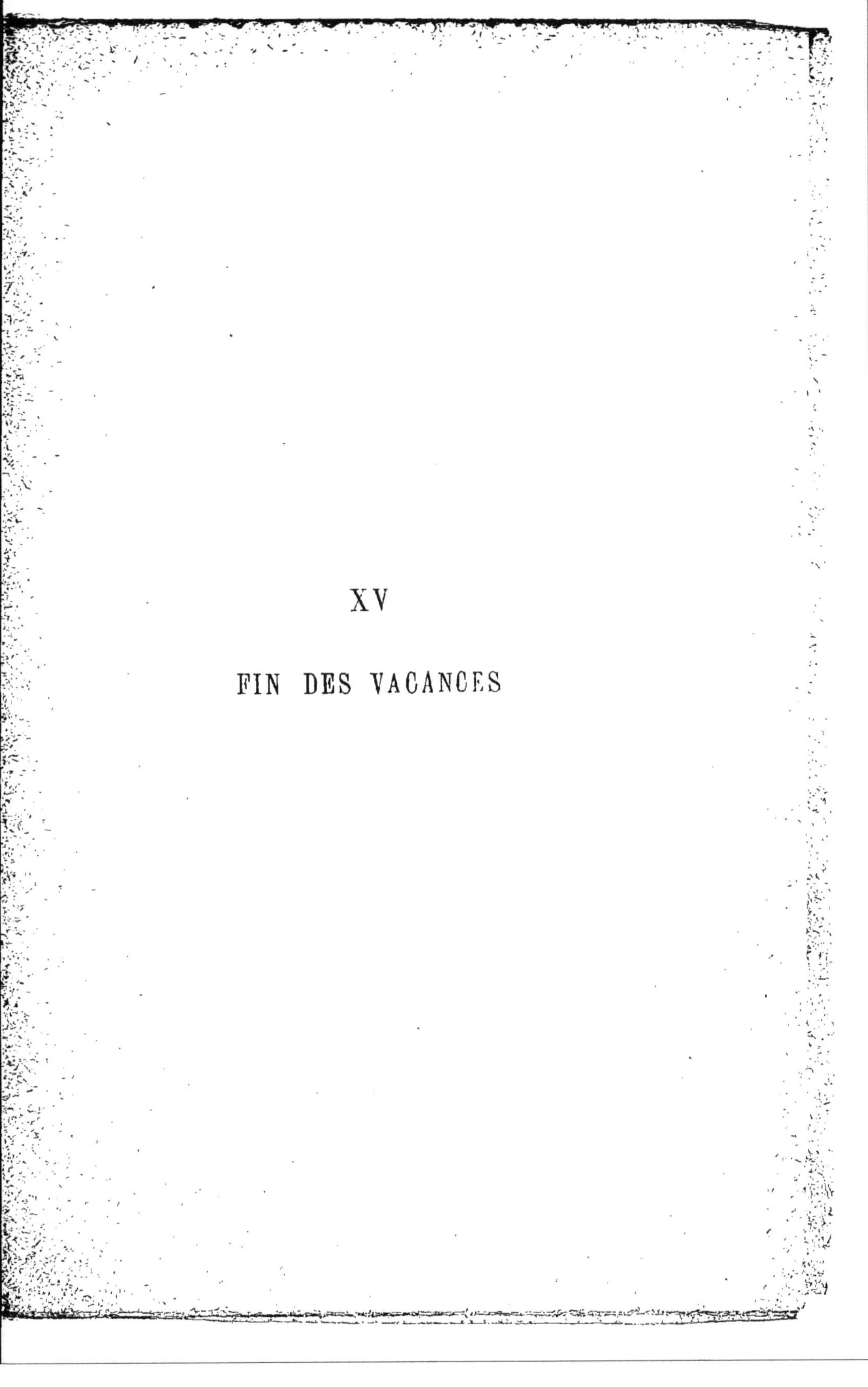

XV

FIN DES VACANCES

SOMMAIRE

XV

Nous sommes toujours au château de M*** ; —
mais avec une variante dans l'heure des réunions...

Au lieu de nous trouver, le soir, à attendre une
conférence, nous voyons mettre la table pour le
déjeuner.

C'est en dehors de toute habitude.

Quelque incident s'est-il produit dans la demeure
hospitalière ?...

Il y a toute apparence que oui.

Les habitants du château font leur entrée. La
salle à manger se remplit.

M. Giraud y est comme les autres. Mais, s'il y
est « comme les autres » en corps, il n'y est pas
« comme les autres » en esprit.

Quelque chose doit l'avoir frappé ce matin... Il
est triste, il est inquiet, il est ému.

On se met à table.

Des regards d'amis se dirigent de tous côtés sur le cher hôte :

— Monsieur Giraud, lui dit affectueusement madame Ducamps, vous n'avez pas votre humeur de tous les jours. Que vous est-il arrivé ?

— O cher professeur, reprend Lucie, s'il vous est tombé quelque peine et qu'elle ne soit point un secret, dites-la-nous.

— Nous tâcherons, ajoute Jeanne d'un ton charmant, de vous l'adoucir.

— Chères Dames, chers amis, répond M. Giraud avec une émotion croissante...

Et il pose sa cuiller avant d'avoir fini de prendre son chocolat.

Il veut continuer... Sa parole tremble.

— Qu'avez-vous, mon ami ? lui demande vivement en lui prenant la main M. Ducamps, qui est assis près de lui.

— J'ai... j'ai... que je suis bien malheureux !...

En effet, en disant cela, le pauvre homme avait un air lamentable.

— Quel chagrin vous est donc survenu ?

— Un chagrin... double.

— Vous savez qu'une confidence est un soulagement.

— Oh! pour celui-là, j'aurai beau le confier, je n'y changerai rien.

— Vous croyez, cher Monsieur?

— Quand je vous aurai dit que... je vous quitte, pensez-vous que je serai allégé?

— Que vous nous quittez, monsieur Giraud!... s'écrie presque tout le monde en même temps.

— Vous vous ennuyez au milieu de nous?

— O mademoiselle Jeanne, pouvez-vous bien me demander cela?

— Que signifie ce départ, alors? Et pourquoi, pourquoi partez-vous?

— Ah! voilà. Pourquoi je pars?... D'abord, vous n'avez qu'à me regarder pour voir si j'en suis bien joyeux. Mais, que voulez-vous? J'ai un frère marin, qui va partir, lui, pour faire le tour du monde; qui ne peut se déplacer pour venir m'embrasser, et qui me supplie d'aller passer quelques jours avec lui pour lui dire adieu.

A son tour le narrateur regarde tout le personnel.

— Eh bien, que feriez-vous à ma place?

— Je fermerais les yeux, répond bravement Lucie, afin de ne pas voir pleurer mes élèves... et je partirais.

— Merci, Mademoiselle! répond le vieux touché au cœur.

— Vous voyez que nous avons du courage ; car il nous en faut pour nous séparer de vous aussi brusquement.

Enfin, tant bien que mal, on accepte la nouvelle. Elle est affligeante ; mais la cause est impérieuse... Nul ne peut songer à soustraire M. Giraud à l'accomplissement d'un devoir.

On se soumet à la nécessité.

Ce fut comme un gros nuage, passant et pesant sur l'esprit de tous.

Le besoin d'une réaction se faisait sentir.

— Voyons, hasarde madame Ducamps, il n'en faut pas moins déjeuner. Monsieur Giraud a posé sa cuiller... Instinctivement nous avons presque tous fait comme lui...

— C'est juste, reprennent Jeanne et Lucie. Allons ! allons ! il faut déjeuner.

La première ondée passée, la bonne humeur renaît.

Pendant cette éclaircie, on se remet à parler.

— Quand donc, demande-t-on à M. Giraud, avez-vous appris que vous devez partir ?

— Par la lettre reçue ce matin.

— Et pour quand vous appelle votre frère ?

— Je serai forcé de vous quitter demain au plus tôt, après-demain au plus tard.

— C'est prompt !

Et cependant, malgré cette réflexion judicieuse, chacun semble respirer devant ce court délai... On avait craint d'abord un départ immédiat.

— Alors, monsieur Giraud, il est bien convenu que c'est pour après-demain ?

— Si je ne reçois pas une nouvelle lettre, il pourra en être ainsi. Autrement...

— Avez-vous, cher Monsieur, interrompt tout à coup Lucie, avez-vous l'idée du vide et de la peine que vous allez nous faire ?

— C'est à moi que vous demandez cela, à moi qui m'étrangle de chagrin rien qu'en songeant à ce brusque revirement des choses ?...

— Vous deviez vous trouver bien ici.

— Trop bien, chère Demoiselle.

— Oui, c'est vrai ; mais, ma foi, tant mieux, puisque c'est à ce « trop bien » là que nous devons vos conférences !

— Hélas ! ces pauvres petites causeries, ces modestes notes que vous avez si complaisamment écoutées et si bienveillamment gratifiées du nom de *conférences*, je ne pourrai pas vous les continuer...

— C'est une grande privation pour nous ; mais nous aimerions encore mieux perdre les leçons que le maître.

— Et puis mon frère ne partira pas toujours

pour le tour du monde. Je reviendrai libre, et...

Là le causeur hésite quelques secondes. Puis :

— Allons, bon ! s'écrie-t-il aussitôt en s'interrompant lui-même, voilà que je m'invite à présent ! C'est un peu fort !... Evariste, mon ami, tu as professé, tu professes encore... et tu as besoin de tout apprendre. Chères Dames, je vous en prie, ne faites pas attention à ce que je dis... La douleur de vous quitter me tourne la tête... Mais, c'est égal, je suis bien peiné aussi de n'avoir pu mener mes conférences jusqu'au bout.

— Comme vous l'avez très-bien dit, cher professeur, vous les reprendrez, et cela quand vous voudrez. Vous comprenez que le moment des vacances n'est, à vrai dire, qu'un motif insignifiant. Nous sommes libres ; vous êtes libre. Nous ne rentrons à Paris qu'au mois de janvier ; dès le mois d'avril ou de mai, nous revenons ici... et ici se tiendra en permanence la chaire du professeur désiré.

— O mon Dieu ! s'écrie M. Giraud, je me demande si, après la famille que l'on n'a pas toujours, il est possible d'avoir un abri meilleur et plus sympathique ? Vous me forcerez certainement de revenir au château... dussé-je encore y trouver...

— Votre malheur.

— Oui, le malheur... de mon excès de bonheur. Mais je passerai par-dessus tout, et, quand je devrais

— ce qui est certain — retomber ici dans un... vrai paradis de soins et de félicités... eh bien, j'y reviendrais renouer le fil interrompu de nos vagabondes conversations. Je n'ai pas encore épuisé ces « féeries » accomplies par les travailleurs, féeries qui devaient m'amener à un coup d'œil final sur le *Travail* lui-même.

— Et, interroge vivement Lucie, ce *coup d'œil*, monsieur Giraud, est-ce qu'il vous faudrait de grands préparatifs pour nous le donner ?

— Chères enfants, quand vous me laissez le temps de me préparer, je me prépare ; mais, vous le savez, le plus souvent un incident imprévu m'a fait improviser mes leçons. Rien n'empêcherait le « coup d'œil sur le Travail » de surgir également d'une disposition analogue...

— C'est à dire que... si... une cause... se produisait, vous...

— Ah ! monsieur Giraud, vous vous livrez !

— On ne peut pas, répond-il en riant, être dans les mains d'un meilleur ennemi.

— Vous avouez votre défaite, reprend Jeanne.

— Comment la nier, en face de vous qui êtes constamment mes chères victorieuses ?

— En ce cas, nous n'avons plus besoin de diplomatie ; nous allons exiger tyranniquement.

— Je sens ce qui me menace. Me voilà, pieds et poings liés... Pourtant, soyez clémentes.

— Bien ! Nous nous entendons tous à demi-mots. Voici comment nous allons procéder.

— Voyons, petit démon.

— Vous avez votre temps au moins pour aujourd'hui ?

— Oui, à la rigueur.

— Nous sommes au dessert.

— Que nous allons tous déguster, répond madame Ducamps.

— Le café va nous mettre en verve, M. Giraud surtout.

— Et après ?...

— Après, nous pourrons nous trouver aussi bien à cette table, pour une conférence, que nous l'avons été au coin du feu le soir que nous l'avons inaugurée. Nous demanderons à l'auditoire s'il a aussi son temps, ce que je crois. Alors, nous nous établirons solidement chacun sur notre siége, — et nous prierons l'aimable conférencier de clore son premier cours par le résumé qu'il vient de nous faire entrevoir.

— Cela s'appelle être pris, s'écrie en souriant le vieil Evariste ; mais, pour Dieu, que j'aime à être pris de la sorte !

L'exécution suit le plan.

Tous se trouvent dans les meilleures conditions pour y prendre part, et le personnel entier applaudit.

On sert le café. Les convives se délectent en le buvant à petits coups. Mademoiselle Lucie présente elle-même le *canard* de fondation au cher causeur — un petit morceau de sucre imbibé de cinq ou six gouttes de rhum, — puis :

— Voilà, dit-elle en tâchant de tenir son sérieux, voilà la dernière gourmandise. Maintenant, il s'agit de... *travailler*.

L'allusion était trop directe et jouait trop clairement sur les mots pour qu'il y ait doute dans les esprits.

— J'y suis ! j'y suis ! réplique M. Giraud, et si je songeais à me plaindre, ce serait, chers hôtes, de n'être point condamné, chez vous... aux *travaux* à perpétuité.

— Bon ! presque un calembour !...

— Vous ne sauriez croire combien cette boutade nous rend heureuses ; elle nous prouve que nous réussirons à vous apaiser votre chagrin.

— Ne vous y trompez pas, Mesdames ; j'ai vu sourire au seuil de grandes douleurs.

— C'est égal, c'est bon signe.

— Oui ; en ce moment, une plaisanterie de notre

cher professeur nous est précieuse : nous la considérons comme un excellent symptôme...

. . . .

Le poêle envoyait des tiédeurs délicieuses, restes d'une douce chauffée du matin. Le soleil glissait quelques rayons à travers les fins rideaux de la grande fenêtre...

La table, entourée de déjeuneurs devenus auditeurs, se métamorphose en chaire... non, en arène pour M. Giraud.

— N'est-ce pas que nous entendrons là aussi bien que dans la pièce officielle?

— Silence! s'exclame Jeanne; silence pour la conférence d'adieu!

Le vieux professeur se dispose et prélude :

XVI

LE TRAVAIL

SOMMAIRE

M. Giraud mal disposé. — Il craint pour son sujet. — Il envoie chercher des livres... — Conférence de citations. — Son opinion sur le Travail (Les ongles des lettrés chinois). — Une dame... — *Perle des femmes* (sonnet). — L'anthologie commence. — Impossibilité de l'ordre chronologique. — *Chant du Travail.* (Madame Elise Voïart). — Le *Travail* (Franklin). — Passage d'un Discours (Ed. Laboulaye). — Opinion sur les Contes de fées. — Le *Travail* (Lamartine). — Le *Laboureur* et la *Cloche.* — Le *Travail* (Curel). — *L'homme laborieux et le fainéant.* — Le *Travail* (Paul Janet). — Similitudes entre les penseurs. — Dédain. — Le *Travail* (marquis Caraccioli). — Le *Travail* (J.-F. Victor Rodde). — Les intelligences-guides. — Les femmes interviennent. — Le *Travail* (Madame d'Arconville. Madame Mallès de Beaulieu. Madame Molinos Lafitte). — Un *Apologue* (mistriss Gilleth). — Pensées sur le Travail (Marc-Aurèle. Bonnin. Caron. Sanial Dubay. Young. Une cornaline grecque. Jaucourt. Voltaire. Montaigne. Madame de Genlis. Victor Hugo. De Latena. Phocylide. Publius Syrus. Dire des anciens. Lord Chatam. L'abbé Trublet. Madame Roland. De Lévis. Hésiode.) — M. Giraud ferme tous ses livres. — Il a fait aimer le Travail. — *Vive labeur !...* — On se lève de table. — On compte sur le retour du professeur.

XVI

LE TRAVAIL

— Mesdames et Mesdemoiselles, dit-il après avoir bien dérouillé sa gorge et assuré ses cordes vocales, que diriez-vous si, juste aujourd'hui, par une fatale taquinerie, j'allais me trouver moins bien disposé que les autres jours ?

— Est-ce que M. Giraud peut avoir une mauvaise disposition ?

— Vous ne doutez pas de moi, chères enfants. C'est une belle récompense que vous me décernez ! Mais il faut bien avouer ses moments de faiblesse... Le départ me trouble un peu... Je ne suis pas dans mon assiette ordinaire... et je crains...

— Que craignez-vous ?

— De ne pas monter à la hauteur de mon sujet.

— Crainte de savant modeste.

— Non, non. Mais, attendez : une idée !

— Nous nous y prêtons d'avance.

— Si j'ai une raison de craindre pour moi-même, j'en sais d'autres à l'aide desquels je ne craindrai rien du tout. Permettez-moi d'aller chercher... ou d'envoyer prendre quelques volumes... la pile qui est sur mon bureau. Vous m'avez souvent reproché une soi-disant coquetterie, celle de ne pas feuilleter mes livres... Eh bien, je vous réponds que, cette fois, ils le seront feuilletés, et, grâce à eux, je vous ferai une bonne conférence.

—. Enrichie de plus de citations peut-être, mais non meilleure que les vôtres.

On accepte à l'unanimité.

Jeanne et Lucie, qui s'étaient levées immédiatement pour aller les chercher, rapportent la brassée de volumes dont elle ont partagé la charge à elles deux, et en un instant tout est là, rangé comme le professeur l'a désiré.

— Mille remercîments ! Et, au fur et à mesure de mes besoins, je ne vais pas me priver d'y puiser.

— Puisez à pleines pages. Nous écoutons.

— Je n'ai pas besoin, reprend l'orateur enfin lancé, de vous demander quelle idée vous vous faites du Travail. Il est en honneur parmi vous, et vous lui rendez l'hommage qu'il mérite. A vous voir travaillant et comprenant l'importance de vos tâches, on ne songerait pas à rechercher si jamais il a pu en être autrement, si jamais le saint labeur put n'être pas considéré comme la gloire de l'homme.

— Il me semble, en effet, que l'on a toujours dû trouver glorieux de travailler.

— On n'a pas de tout temps pensé et l'on ne pense pas partout comme vous. Il y a eu, il y a des peuples, à la pensée primitive et sans maturité, pour lesquels travailler était, est encore un déshonneur...

— La conséquence de ce raisonnement serait que l'oisiveté est honorable.

— C'est pour cela que, si vous alliez en Chine, vous y verriez les lettrés et les docteurs porter des ongles de la longueur d'un pouce... pour témoigner, avec preuves à l'appui, qu'ils ne sont pas obligés de travailler. Seulement, pour les absoudre à moitié, je pense qu'il doit s'agir là du travail manuel; car ce n'est pas sans travail intellectuel qu'ils sont devenus docteurs et lettrés.

— Singulière idée, néanmoins !

— Joli privilége !

— N'est-ce pas ? Pourtant j'en ai connu aussi, moi, des créatures qui avaient, et sans excuse aucune, la même gloriole, qui subissaient la même folie. Une dame, entre autres... Elle ne vous ressemblait guère !... Écoutez plutôt ce sonnet, que toute ma bienveillance...

— Et vous en avez, cependant !

— N'a pu m'empêcher de façonner à son intention.

— Nous sommes curieuses d'entrer en connaissance avec l'âpreté de votre muse.

— Voici la pièce :

PERLE DES FEMMES

> O travail, sainte loi du monde !...
> (A. de Lamartine.)

— « Devant tout sort cruel, je rends grâces du mien :
« Je pouvais, créature en un coin confinée,
« Avoir, las ! à poursuivre une tâche obstinée ;
« A quêter, chaque jour, du travail pour soutien.

« Mais j'ai de doux loisirs, incomparable bien,
« Et suis loin, Dieu merci ! de cette infortunée
« Qui, pour gagner son pain, va vendre sa journée...
« Je marche le front haut ; car, moi, JE NE FAIS RIEN ! » —

Oh ! le beau dithyrambe ! Oh ! la vive auréole !
L'abeille *ne fait rien* dans sa blonde alvéole ;
L'hirondelle, en son nid ; le gland, au sol jeté...
Travailler !!! Quel fleuron ce mot vil te dérobe,
A toi, dont toute l'œuvre est de charger le globe
Du poids si glorieux de ton oisiveté !

— Holà ! quel coup !

— Il est plus rude que je ne l'attendais.

— Je ne voudrais pas être celle qui a mérité ces quatorze vers !

— Il n'y a pas précisément de quoi s'en glorifier.

— Ils sont drus, ajoute M. Ducamps, et le javelot est lancé avec vigueur. A propos, depuis trop longtemps, cher professeur, vous ne nous en avez plus dit... A votre retour, nous nous réunirons pour vous demander quelques pièces.

— Volontiers. Mais, aujourd'hui, c'est fini pour moi. Aux autres maintenant, et aux plus dignes. J'ai été à l'encontre des règles de la civilité ; mais c'était pour écarter plus vite ma personne. Aux autres, donc ! Si j'avais eu quelques heures devant moi, j'aurais cherché à mettre dans mes citations une espèce d'ordre, — ou chronologique, ou par rapprochements de talents ou de genres.

— Pris comme je le suis, j'avoue la chose impossible.

— N'y pensez plus... et vagabondez. Cela aura son charme.

— Nous vous suivrons partout et en tous temps.

— Je prends au hasard. Le hasard me sert presque bien. Dans un volume de madame Élise Voïart, je trouve ce morceau qui affecte la forme d'un chant, et que vous entendrez, j'en suis sûr, avec un extrême plaisir :

CHANT DU TRAVAIL.

« Filles des Gaules, savez-vous qui vous apprit à tirer du lin azuré les tissus de neige qui vous décorent ?

« C'est la blonde Isia, la déesse aux dix mille noms.

« Qui vous enseigna à prendre le suc des fleurs, l'écorce des arbustes et les baies odorantes des buissons, pour teindre la laine des agneaux ?

« C'est la blonde Isia, la déesse aux dix mille noms.

« Avez-vous vu les filles des Sicambres ?... Elles marchent comme la nuit, vêtues de robes lugubres ; mais vous, filles heureuses, qui vous apprit à varier les couleurs de vos habits comme un champ de fleurs ?

« C'est la blonde Isia, la déesse aux dix mille noms.

« Un jour, une déesse vint des mers. Le vaisseau merveilleux qui l'amenait était son ouvrage ; elle en avait tissu les voiles et filé les cordages : ses habits étaient blancs, et ses chaussures d'un or pur ; un levrier rapide guidait sa marche. Elle parut dans nos forêts comme l'aurore ; ses mains divines portaient des fruits et des fleurs. On l'appela la bienfaisante.

« C'était la blonde Isia, la déesse aux dix milles noms.

« Filles de la Gaule, chantez la blonde Isia ; c'est elle qui fit votre bonheur en vous rendant plus utiles à l'homme : sans vous, que ferait le chasseur de sa proie ? qui défendrait le vieillard contre les frimas ? qui préparerait la brillante parure des héros ? ..

« Filles de la Gaule, si vous êtes meilleures et plus aimables, chantez et révérez la blonde Isia, la déesse aux dix mille noms. »

— C'est un tableau, poétiquement tracé, de nos premiers travaux.

— Vous y avez vu l'exaltation du Travail. Ce chant, pastiche assez réussi d'un chant primitif, est d'un ton très-élevé, et avait sa place obligée dans mes fragments d'aujourd'hui.

— Nous le retiendrons.

— Sans ménagement aucun, je vais vous faire sauter des Gaulois à Franklin.

— C'est un beau trajet. Voyons.

— Ce doyen de l'honorabilité laborieuse a dit :

« Le travail est le père de toutes les vertus, comme l'oisiveté est la mère de tous les vices. Le travail fortifie le corps, maintient la santé, prolonge la vie, et fait paraître le temps court, parce que le travail est dans l'ordre de la nature. L'oisiveté, au contraire, porte les marques visibles de la réprobation divine : elle engendre la mollesse et l'ennui, les maladies et la misère ; elle induit les riches à tous les vices, et les pauvres à tous les crimes. »

— C'est bien, dit madame Ducamps, la manière simple et concise du sage Américain.

— De Franklin, je passe — logiquement, cette fois — à l'un de ses meilleurs traducteurs. Écoutez cet ingénieux passage de M. Éd. Laboulaye. Je l'ai tiré du discours qu'il a prononcé, le 17 mai 1872, à l'assemblée de la *Société du Travail*.

— Nous pouvons compter sur un bon morceau.

— Lisez-le lentement, cher Monsieur, pour que nous puissions bien le retenir.

— Aussi lentement que vous voudrez. Vous le dégusterez en gourmets. Le voici :

« L'homme est donc fait pour travailler; il a des désirs, des besoins, et pour les satisfaire il a son esprit et sa main. La main seule, cet outil merveilleux, suffirait à prouver que chacun de nous est fait pour le travail. Un philosophe du dernier siècle, Helvétius, avait même poussé cette observation si loin, qu'il en avait conclu que si le cheval était inférieur à l'homme, c'est que le cheval avait un sabot et que l'homme avait une main. L'assertion n'est peut-être pas aussi paradoxale qu'elle en a l'air.

« Un vieux conte norvégien m'a toujours frappé par sa vérité :

« Une jeune fille, paresseuse comme toutes les jeunes filles qui désirent tout savoir, tout avoir et ne rien faire (et les jeunes garçons sont comme les jeunes filles), demande à sa marraine, la fée, de lui donner quelque bon génie qui fasse tout pour elle. La fée appelle à l'instant dix nains merveilleux qui nourrissent, coiffent, habillent et déshabillent leur petite maîtresse. La jeune fille est dans l'enchantement; elle craint seulement de voir disparaître ces admirables serviteurs. « Rien de plus facile que de les garder toujours, « dit la bonne marraine à sa filleule; je vais les loger dans chacun « de tes doigts.

« Ce conte est notre histoire; ils sont là, les petits génies, toujours prêts à nous servir; nous les tenons dans notre main. Tout le secret, c'est de ne pas les laisser s'endormir. »

— Oh! pour le coup, oui, c'est ingénieux !

— De ma vie je n'oublierai le petit conte des dix lutins dans les dix doigts.

— J'aime les fables de ce genre, dit la mère. Quand le conte n'est qu'un symbole transparent, qui a emprunté un peu d'imagination pour distiller une bonne leçon de morale, il n'y a pas à le blâmer. Autrement, je n'aime pas d'une manière folle le système des contes de fées.

— Vous pouvez d'autant plus vous désaffectionner de ce genre, reprend M. Giraud, que le talent, aujourd'hui, n'a plus besoin de ce montant du mensonge pour frapper l'esprit. Les narrateurs sont assez puissants, les poëtes ont assez d'élan et de couleur pour s'emparer de vous sans ces ressources du fabuleux. Tenez, écoutez ces deux ou trois strophes. Vous y verrez ce que la poésie inspirée peut tirer des détails vrais et presque techniques :

> O Travail, sainte loi du monde,
> Ton mystère va s'accomplir ;
> Pour rendre la glèbe féconde,
> De sueurs il faut l'amollir !
>
> . . . .
> . . . .
>
> Oh ! le premier jour où la plaine,
> S'entr'ouvrant sous sa forte main,
> But la sainte sueur humaine
> Et reçut en dépôt le grain ;
> Pour voir la noble créature
> Aider Dieu, servir la nature,
> Le ciel ouvert roula son pli,
> Les fibres du sol palpitèrent,
> Et les anges surpris chantèrent
> Le second prodige accompli !

> Et les hommes ravis lièrent
> Au timon les bœufs accouplés,
> Et les coteaux multiplièrent
> Les grands peuples comme les blés;
> Et les villes, ruches trop pleines,
> Débordèrent au sein des plaines,
> Et les vaisseaux, grands alcyons,
> Comme à leurs nids les hirondelles,
> Portèrent sur leurs larges ailes
> · Leur nourriture aux nations!

— Cela sent son Lamartine. Il y a, dans cette page, un mouvement qui rappelle le souffle des *Harmonies*.

— Vous ne vous trompez pas, Mademoiselle. Ce fragment — dont vous avez dû remarquer que j'ai pris le premier vers pour l'épigraphe de mon sonnet — est tiré de la belle pièce intitulée *les Laboureurs*.

— Où donc se trouve-t-elle?

— Dans *Jocelyn*, que je ne vous ai pas encore donné à lire. Cette pièce est d'une élévation toute séraphique, et je ne serais pas éloigné de croire que le poëte, en la concevant, a eu l'idée de créer une sorte de pendant à la *Cloche* de Schiller.

— Comme forme, au moins, ajoute M. Ducamps. Dans les deux pièces, on remarque l'alternative de la peinture d'un grand travail humain avec les jets d'un lyrisme puissant.

— Voilà une idée excellemment juste de ces deux belles œuvres. Si maintenant vous désirez voir, à un degré de plus, à quel point notre poëte a été précis dans ses détails, voici deux alinéas, signés Curel, que je vous prie d'écouter à leur tour :

« Le travail est le signe distinctif de notre nature. Les animaux ne travaillent pas ;... le progrès, qui est le fruit de l'intelligence, leur est inconnu...

« Le travail relève la dignité de l'homme et lui donne la mesure de sa grandeur. C'est lui qui le fit sortir des forêts pour cultiver et féconder les champs ; qui transforma ses huttes en palais, qui bâtit les villes et les décora de magnifiques monuments, qui construisit les vaisseaux et les poussa sur l'immensité des mers pour relier ensemble tous les peuples de la terre. Le travail invente les arts qui embellissent la vie... et des prodiges nouveaux signalent chacun de ses pas. Qui pourra assigner une limite au domaine de ses conquêtes ? »

— On dirait que ce morceau de prose a été écrit en guise de notes pour les vers de Lamartine.

— J'ai rapproché exprès ces deux citations. Comparer est parfois piquant. Je voudrais bien, à cette heure — et pour que la conférence ne fût pas sans quelque chose qui ressemble à un épisode, — vous lire deux pages écrites vers la fin du siècle dernier. La morale qui en ressort est tellement en harmonie avec notre thème de ce jour, que je n'hésite pas à vous les proposer.

— En pareil cas, dit Jeanne, M. Giraud propose... et dispose.

Le vieil Évariste s'incline, et, ouvrant un livre, lit (en modifiant quelques expressions) :

L'HOMME LABORIEUX ET LE FAINÉANT.

« La nuit s'approchait lentement, et Robert, assis devant sa chaumière, respirait la fraîcheur du soir, et se reposait, au milieu de ses enfants, des pénibles travaux du jour.

« Un étranger arrivait sur la route. Quand il fut près du villageois, il le salua humblement et le pria de lui donner à souper.

« — Asseyez-vous, mon ami, lui dit Robert. La soirée est belle. « Dans un instant ma femme nous apportera notre repas sur l'herbe. « Le festin ne sera pas considérable ; mais nous vous offrirons ce « que nous possédons avec bon cœur. »

« Bientôt la femme du villageois apporta le souper : c'était une soupe aux légumes, des œufs frais, du beurre fait dans l'après-midi même, et du pain cuit la veille. Une cruche de grès, pleine de l'eau puisée à la source voisine, fut placée à peu de distance, au milieu d'une touffe. On s'assit sur l'herbe, et chacun, une cuiller à la main, puisa dans la soupière.

« L'étranger mangea comme un homme que la faim avait miné tout le jour ; il dévorait le pain, et semblait à chaque instant puiser un nouvel appétit dans la cruche de grès.

« Lorsque cette cruelle faim apaisée lui permit de s'entretenir avec son hôte, ne sachant comment le remercier, et ne pouvant lui offrir d'argent... parce qu'il n'en avait point, il lui avoua sa misère :

« — J'étais riche, dit-il. Je suis pauvre maintenant, et je ne sais « pas comment faire pour vivre.

« — Est-ce que vous êtes estropié ? demande Robert.

« — Non, Dieu merci ! répond-il.

« — Quoi ! vous pouvez vous servir de vos bras, et vous craignez
« de mourir de faim ? Est-ce l'ouvrage qui vous manque ? Restez
« avec moi, et vous viendrez travailler aux champs ; vous vivrez, et
« serez heureux.

« — Hélas ! reprend l'étranger, né dans l'abondance, j'ai cru que
« mes richesses ne me manqueraient jamais. Elles m'ont manqué.
« Je suis pauvre ; je ne sais point travailler.

« — Tant pis ! dit Robert. Je ne m'étonne pas si vous craignez
« de mourir de faim. Pourquoi n'avez-vous pas appris un métier dans
« votre jeunesse ? Il vous offrirait maintenant des ressources. Vous au-
« riez dû penser que la fortune est inconstante, et que personne n'est
« obligé de vous nourrir à rien faire. Mais il en est temps encore ;
« apprenez à travailler, et vous aurez le droit de vivre. Voyez-moi :
« je sue toute la journée, je bêche la terre, je l'ensemence... J'ai
« droit de me nourrir de ses fruits. J'ai du mal ; mais je m'en console
« en songeant que je ne dois ma vie à personne. Je fais vivre ma
« femme, qui partage mes peines, et mes enfants, qui les adoucissent.
« Je suis heureux, et je remercie Dieu de tous les jours qu'il me
« donne ! »

— La scène est complète, dit M. Ducamps.

— Passons, dit le conférencier-lecteur, passons à
un autre volume. A un contemporain, à Paul Janet,
je prends un passage dans lequel vous aurez matière à remercier le solide penseur qui l'a écrit.

— Que contient-il donc, ce passage ?

— L'auteur y a eu en vue vous...

— Nous, monsieur Giraud ?

— Je parle en général... vous, chères enfants,
et vos compagnes. Le fragment, d'ailleurs, n'est pas
long.

— Ce n'est pas le point auquel nous tenons le plus.

— Je le sais ; mais il n'est pas le seul à venir... et il ne faut pas abuser. Voici son contingent :

« Rien ne convient mieux à la jeune fille que le travail. Il occupe l'esprit à des actions précises, et ne le laisse pas s'égarer à des pensées incertaines, trop souvent voisines des pensées dangereuses. Le plus grand ennemi de la jeune fille, comme de la femme, c'est l'ennui. L'ennui sollicite l'âme à demander des distractions à l'imagination... L'activité, le soin du détail, le mouvement des idées et des occupations, voilà le remède. »

— Observation des plus vraies !

— Savez-vous qu'ils touchent souvent très-juste, vos écrivains ?

— Ce qui le prouve, c'est l'espèce de similitude que l'on rencontre dans la contexture comme dans le fond de leurs divers morceaux. Un jour, un aigre lecteur voulait à toute force me soutenir que tous ces observateurs n'observaient pas ; que tous ces penseurs ne pensaient pas... mais qu'ils se copiaient tout bonnement les uns les autres. Je ne jugeai pas l'objection assez sérieuse pour la réfuter ; je ne répondis point.

— Vous avez bien fait de venger par le dédain ces grands esprits.

— On ne s'égarerait pas en se laissant conduire par eux.

— Je les choisis dans cette intention.

— C'est très-bien.

— Et pour que, en les acceptant, vous preniez l'habitude de voir en eux des lumières à suivre.

— Dirigées par vous dans notre choix, nous serons vite habituées.

— Ces morceaux-là, reprend Jeanne, ne seront pas perdus pour nous, monsieur Giraud.

— Je désirerais assez vous y voir joindre celui-ci. Il est d'un ton un peu ancien, mais ne manque pas d'un certain attrait dans son esprit d'ensemble...

— De qui est-il?

— Du marquis Caraccioli. Il est un peu plus long que le précédent :

« On ne saurait trop estimer le travail. Il est le devoir commun à tous les hommes, l'ennemi des vices, et le mobile ainsi que le maintien de la société. Chacun doit travailler au bien de la patrie : le laboureur, par ses sueurs; l'artisan, par son industrie; le savant, par ses veilles; le ministre, par sa prévoyance; le souverain, par ses bienfaits. Tout nous annonce que cette vie n'est pas le séjour de l'oisiveté. Le ciel, dans un mouvement qui ne s'interrompt jamais, produit les saisons; la terre, dans un enfantement continuel, engendre des plantes et des fleurs; la mer, dans un flux et reflux toujours régulier, se prête au transport de nos vaisseaux, et nous renvoie une partie des richesses qui sont dans son sein. Notre corps même, par la circulation de son sang, et notre âme, par le renouvellement assidu de ses désirs et de ses pensées, nous instruisent que tout être naît pour travailler. L'abeille compose son miel; le ver, sa soie; l'araignée, sa toile; le bœuf trace des sillons; le cheval porte des fardeaux ; le castor se bâtit des maisons ; le renard vit de son industrie ; et il n'y a pas jusqu'à la fourmi qui ne condamne le paresseux. »

— Je ne crains pas du tout ce passage. L'auteur y jette un coup d'œil étendu...

— Et met bien en évidence tous les rouages de la Création.

— Je pensais que vous le trouveriez agréable.

— Cher monsieur, vous ne vous êtes point trompé.

— Voulez-vous changer de genre et vous rapprocher de notre époque ?

— Volontiers.

— Recueillez encore le suivant. Il appartient à un vaillant cœur, Victor Rodde, mort sur la brèche et trop jeune, au tiers de ce siècle, alors qu'il entrait dans sa carrière d'écrivain et que la notoriété commençait pour lui :

« Le travail est l'unique ressource et le grand levier des sociétés humaines. Lui seul peut les faire triompher dans les luttes pénibles et constantes qu'elles ont à livrer à la nature. C'est par lui que sont défrichées les terres incultes, ouverts les canaux, tracées les routes, exploitées les mines...

« Sans lui point de jouissance, et sans lui point de gloire...

« Parmi vous, qui estime l'homme oisif, sinon des hommes oisifs et paresseux comme lui ?...

« Le plus laborieux est donc en même temps le plus utile et le plus digne de tous les citoyens...

« Dans son cœur, tout homme qui travaille doit se sentir au-dessus de celui qui ne fait rien... »

— Ce devait être un grand caractère. Ces lignes sont claires et fermes, et remplies du plus haut sentiment du devoir.

— Des intelligences de cette trempe doivent être, en effet, destinées à servir de guides.

— Et c'est un malheur lorsqu'elles s'éteignent trop tôt.

— Elles retournent sans doute à leur foyer. Félicitons-les; plaignons-nous. J'en aurais encore un si grand nombre à vous mentionner et à mettre à contribution pour vous, que je suis obligé de me restreindre. Ce que l'on aurait à moissonner dans les bons auteurs, sur le Travail...

— Serait considérable? interrompt madame Ducamps.

— Pourrait, répond M. Giraud, former la plus vaste des anthologies.

— Autant que cela?

- Oui, certes. Cependant, avant de songer à finir, je veux faire deux ou trois emprunts à des femmes.

— Bien pensé! Les femmes aussi peuvent nous fournir des citations.

— En voici trois. Vous allez juger par vous-mêmes, chères dames, que vous ne le cédez en rien aux hommes pour le tour de la phrase aussi bien que pour la justesse et l'élévation de la pensée. Je commence par madame d'Arconville :

> « Le travail est le spécifique universel pour tous les maux auxquels notre âme est nécessairement assujettie, la crainte, le chagrin et l'ennui. Le plaisir nous distrait, mais il ne nous occupe pas, ou s'il nous occupe, ce n'est que pour des instants. Replongés bientôt dans l'abîme de nos ennuis, et souvent même au milieu des divertissements les plus actifs, nous sentons le besoin d'une occupation plus sérieuse qui puisse remplir le vide de notre âme et nous aider à supporter la vie. Les malheurs attachés à la condition humaine exigent de nous un remède journalier qui puisse du moins pallier nos maux et nous empêcher d'en être accablés; ce remède, c'est le travail. »

— C'est fermement dit.

— Une remarque qu'il est impossible de ne pas faire, ajoute M. Ducamps, et que je fais avec un certain plaisir, c'est que ces moralistes, pris à diverses époques et à différents milieux sociaux, se rencontrent de la manière la plus unanime sur la majorité des points.

— Oui, cela prouve que les points sont observés, étudiés par eux avec conscience et justesse.

— Toute question a gros à gagner quand ceux qui la traitent l'entendent... et s'entendent de la sorte.

— Surtout quand cette question est neuve, pour

ainsi dire. Car le travail est, aujourd'hui, envisagé d'une façon si opposée à celle dont on l'envisageait jadis, qu'on peut le ranger parmi les thèmes tout nouveaux. Autrefois, ce travail, c'était le rocher sous lequel on écrasait l'humanité; de nos jours, il est devenu notre piédestal.

— C'est la lunette qu'on a retournée.

— Comment a-t-on jamais imaginé que le travail, ce grand ressort des sociétés et des civilisations, ait pu être une punition infligée à l'homme?

— Il est bien une punition pour le paresseux, dit Jeanne.

— Aussi, le paresseux compte-t-il pour un homme?

— C'est vrai. Je m'incline.

— Mais reprenons. Je passe à madame Mallès de Beaulieu, qui vous parle encore avec expérience et affection :

« L'imagination est une source précieuse de jouissances;... mais il arrive souvent que l'esprit, fatigué de l'étude, retombe sur lui-même et y fait naître l'ennui et le dégoût. C'est alors au corps à travailler; le travail des mains devient une utile diversion qui ranime nos forces morales et procure à l'esprit un repos salutaire.

« Le travail est une plus grande ressource contre le chagrin que les meilleures maximes de morale; le mouvement du corps distrait l'âme des pensées douloureuses et des souvenirs affligeants...

« Ne méprisez donc point, jeunes filles, ce fameux antidote contre les maux de la vie; apprenez tous les ouvrages qui conviennent à votre sexe et à votre état. Il se trouvera, dans votre vie, mille circonstances où vous vous féliciterez d'avoir suivi le conseil que je vous donne... »

— Vous nous faites connaître aujourd'hui, cher monsieur, d'excellentes conseillères.

— Dont il faudra, à votre retour, que vous nous prêtiez les textes. Je désire copier tous ces morceaux et les conserver sous forme d'album. J'aurai, de la sorte, un mémento de vos cours et un recueil de valeur.

— Je vous satisferai plus tôt que vous ne le pensez.

— Par quel moyen, cher professeur?

— En partant, je vous laisserai ces volumes, où vous pourrez puiser à votre aise.

— Oh! grand merci! s'écrient les deux élèves. Quand vous reviendrez, nous aurons déjà un beau cahier.

— Une troisième citation féminine. Le fragment que vous allez entendre est de madame Molinos-Lafitte :

« Le travail d'aiguille ne doit pas être négligé. Quels que soient le rang et la fortune des parents, la jeune fille doit apprendre à coudre, repriser, broder, en un mot tous les ouvrages de femme. On commande mieux ce qu'on sait faire soi-même, et d'ailleurs, au milieu des vicissitudes des temps et de la vie, alors que nul n'est certain de conserver une fortune que tant de circonstances diverses peuvent menacer, quelle serait la folie d'une mère qui élèverait sa fille en vue d'un avenir constamment brillant et inaltérable! »

— Elle est très-judicieuse, cette dame.

— Ce qu'elle dit est sérieux et solide...

— Et comme elle a raison !

— Après mes trois citations un peu sentencieuses, sinon austères, je vais vous donner un repos d'esprit par une pièce d'un genre différent. C'est un apologue dû à une jeune institutrice de Londres, mistriss Gilleth. Il a été publié vers 1802. Vous reconnaîtrez, dans la traduction que je vais vous lire, le style de l'époque...

— Nous nous attacherons au fond.

— Il commence par un titre-sommaire qui est déjà une jolie pensée. Jugez plutôt : « L'occupation est nécessaire à l'homme. Si elle est agréable, c'est un plaisir; si elle est utile, c'est un bonheur. » N'est-ce pas délicieux ?

— Cela promet pour le fragment.

— Que j'aborde sans retard :

APOLOGUE.

« Passer sa vie à se forger des besoins de corps et à les satisfaire, est une fonction trop animale pour contenter une âme mâle et noble. Le bonheur de cette vie dépend, en grande partie, de l'occupation; il nous faut un objet à poursuivre et qui nous tienne continuellement en activité, sans quoi le poids de notre existence retombe pesamment sur nous-mêmes. Le désœuvrement n'a jamais rien produit que de bas et d'ignoble, et jamais il ne pourra rendre heureux que les créatures semblables à la Limace dont je vais parler.

« Un de ces Vers industrieux que la nature semble avoir créés pour notre utilité et notre admiration, était monté sur une branche d'arbuste pour y tisser sa toile d'or. Déjà il avait entrelacé çà et là les fils délicats qui devaient supporter son édifice; il y travaillait sans relâche, exerçant tout ce qu'il avait d'instinct et d'activité.

« Au-dessous de lui, sur le terrain humide, demeurait une Limace paresseuse qui passait sa vie dans une vile oisiveté, au milieu des plantes qui végétaient autour d'elle. A peine avait-elle fait un pas pour remplir sa lourde panse, qu'accablée de fatigue, elle s'endormait dans un profond oubli.

« Un jour, ayant levé la tête plus haut qu'à l'ordinaire, quel spectacle étonnant s'offre à ses yeux ! Le Ver industrieux, qui se tourne et se retourne sans cesse, fixe ses regards; elle est surprise de voir un être qui travaille avec tant d'assiduité, sans songer à manger et à se reposer :

« — Ho! ho! dit-elle en faisant un grand effort pour sortir de
« son engourdissement et pour parler, qui êtes-vous ? Qui vous fait
« travailler avec tant d'empressement et de fatigue ? Quelle grande
« récompense attendez-vous ? Ne savez-vous donc pas que, tandis que
« vous vous fatiguez et usez votre corps de la sorte, à chaque in-
« stant le temps de la vie et du bel âge s'envole, et qu'à la fin la
« mort arrive? Avouez votre folie, ô malheureux ! Laissez là votre tra-
« vail vain et inutile, et venez plutôt vous dissiper et vous divertir
« dans la prairie verdoyante, à l'ombre du myrthe et du laurier,
« sous lesquels une fraîcheur délicieuse nous invite à reposer nos
« membres fatigués. »

« Le laborieux insecte, jetant à peine un regard de mépris sur la Limace, répondit :

« — Cette vie active, qui te paraît si pénible, m'est plus chère que
« ton repos : elle est pour moi une source de plaisirs; elle me con-
« duira à un nouvel ordre de choses, et à une condition plus noble
« et plus glorieuse. Bientôt mon corps sera revêtu d'ailes éclatantes,
« et planera au-dessus de la terre. Tu crois, sans doute, que la na-
« ture ne t'a créé que pour satisfaire ton appétit vorace et ton in-
« dolence : eh bien ! jouis tranquillement de ton bonheur, vil insecte;

« jouis sans danger et sans gloire de ton repos insipide ; tu ne seras
« jamais qu'une Limace méprisable et obscure, obligée de traîner
« ton corps dans la poussière, et ensuite de mourir dans la fange. »

« Ainsi parla l'insecte. Mais la sotte Limace se mit à rire, replia
sa tête fatiguée et s'endormit.

« Cependant ce Ver industrieux commence à jouir du bienfait de
son travail ; une métamorphose merveilleuse lui a donné une forme
qui étonne à peine sa stupide voisine, qui se contente d'ouvrir
l'œil et de le refermer aussitôt après.

« O vous qui, au milieu des lambris dorés, vivez dans l'abondance
et dans le repos, si vous méprisez les arts et les occupations utiles
qui seules peuvent ennoblir l'homme, — en lui donnant des senti-
ments distingués et généreux, et qui lui font trouver dans l'exercice
continuel de ses facultés un plaisir et un bonheur que ne connaîtra
jamais la satiété d'une vie désœuvrée, sans but, sans mérite et sans
honneur, — venez vous regarder dans la Limace, et apprenez qu'une
vie indolente est une vie de mort. »

Le professeur s'arrête.

— Voilà mon apologue, dit-il.

— Il est pittoresque et plein de vues élevées...

— Et se place à peu près à côté du morceau épi-
sodique de votre conférence.

— Un bravo pour le petit drame tranquille du
Ver et de la Limace de mistriss Gilleth !

— A présent, je ne crois plus devoir vous citer
de longs morceaux. Mais je puis — pour le bouquet — vous cueillir une belle et bonne gerbe de
pensées.

— De qui ?

— De tout le monde. Je butinerai dans tous les temps et dans tous les livres.

— Ah ! bravo ! De cette façon, mon album sera au complet.

— Ecoutez-donc mes *fleurs morales*.

— C'est ce groupe-là surtout, hasarde Jeanne, qui pourrait avec raison, je crois, recevoir le titre d'*Anthologie !*

— Très-finement dit, mademoiselle. Un bibliophile ou un philosophe ne se serait pas plus exactement exprimé.

— Nous attendons la cueillée.

— La voici sans retard, mais aussi sans méthode ; comme les volumes me viendront sous la main. Seulement, afin d'avoir une meilleure idée de leur ensemble, laissez-moi vous les lire sans m'interrompre.

— Accordé.

Et le professeur parcourt et écrème ses volumes :

Il n'y a rien de plus honteux, ni même de plus injuste, que de faire manger le pain de la république à des gens qui ne contribuent point à l'enrichir par leur travail.

(MARC-AURÈLE.)

Le travail est le contre-poison du vice, la cause du bien-être, et l'instrument du bonheur.

Le travail est une voie à la vertu.

(BONNIN.)

La chose la plus utile et dont on se lasse le moins, c'est le travail.

(D. CARON.)

Ceux qui se plaignent du travail se montrent ingrats envers leur meilleur ami.

(SANIAL DUBAY.)

La joie est un fruit qui ne peut croître que dans le champ du travail.

(YOUNG.)

La source de la gloire et du bonheur est dans le travail.

(Gravé sur une cornaline grecque représentant HERCULE.)

Le travail est une des sources du plaisir, et peut-être la plus certaine.

(JAUCOURT.)

Le travail est souvent le père du plaisir.
Je plains l'homme accablé du poids de son loisir.
Le bonheur est un bien que nous vend la nature ;
Il n'est point, ici-bas, de moissons sans culture.

(VOLTAIRE.)

Le travail et le plaisir, très-dissemblables de nature, s'associent pourtant de je ne sçay quelle joincture naturelle.

(MONTAIGNE.)

Les femmes doivent aimer le travail des mains ; c'est à la fois en elles un attribut de leur sexe, un maintien et une grâce.

(Mme DE GENLIS.)

. . . . Dieu, vois-tu,
Fit naître du Travail, que l'insensé repousse,
Deux filles : la Vertu, qui fait la gaîté douce,
Et la Gaîté, qui rend charmante la vertu.

(VICTOR HUGO.)

Le repos du corps n'est pas plus l'oisiveté que l'agitation n'est le travail. Le travail est la pensée ou l'action dirigée vers un but.

(DE LATENA.)

Travaille; tu dois payer ta vie par les travaux. Le paresseux fait un vol à la société.

(PHOCYLIDE.)

La gloire arrive lorsque le travail a frayé le chemin.

(PUBLIUS SYRUS.)

L'arbre sans branche est appelé infirme; l'homme sans étude se nomme aveugle.

(*Dire des* ANCIENS.)

Le succès est, en définitive, au travail et à la persévérance.

(Lord CHATAM.)

Le travail est une meilleure ressource contre l'ennui que les plaisirs.

(L'abbé TRUBLET.)

L'amour du travail est la vertu de l'homme en société.

(Mme ROLAND.)

Travail, noble soutien de l'indépendance, seul bien que l'injustice des hommes ne saurait nous ravir, tu nous délivres du malheur de l'oisiveté, et tu nous fais goûter les douceurs du repos.

(DE LÉVIS.)

Dieu a posé le travail pour sentinelle de la vertu.

(HÉSIODE.)

Là, le conférencier ferme le dernier volume.

— Je les ai comptées, s'écrie vivement Lucie. Il y en a vingt.

— Chiffre rond. Je n'y ai cependant pas visé.

— Eh bien, dit madame Ducamps, vous nous avez égrené une vingtaine de jolies perles.

— C'est dans mon album que j'en formerai le collier.

— Chères enfants, vos intentions sont ravissantes. Inscrivez ces pensées dans votre album d'abord ; dans votre cœur ensuite. Le cœur est l'album vivant où doivent se graver toutes les bonnes maximes, l'écrin où doivent se serrer précieusement tous les joyaux de la morale.

— Grâce à vous, cher professeur, notre cœur sera aussi richement meublé que notre esprit. Vous avez, de la manière la plus intelligente et la plus paternelle, secondé notre mère en la délicate mission de nous élever. Vous avez su, par l'attrait de vos leçons, nous faire aimer nos devoirs...

— J'en recueille tout le fruit dans la sincère affection que vous me portez...

— Et qui ne subira jamais de défaillances.

— Comment ne vous la porterait-on pas quand, par l'emploi si aimable et si dévoué de vos loisirs ici, vous avez trouvé moyen de nous charmer... en nous faisant connaître les mille détails de nos travaux, et adorer le travail ?

Le pauvre cher professeur était, je vous assure, grandement heureux.

Il voulait le manifester :

— Mon but est... rempli, dit-il avec émotion.

Puis, après quelques secondes de répit :

— Donc, s'écrie-t-il, « VIVE LABEUR ! » comme l'avait fait graver Jeanne d'Arc au-dessus de la porte de sa maison.

— *Vive labeur !* répondent les deux charmantes élèves.

— Et, cher monsieur Giraud, souvenez-vous que nous attendons votre retour...

— Avec impatience.

On se lève de table.

Le second déjeuner, le —déjeuner intellectuel.— était fini.

Finie aussi la conférence.

Le lendemain, M. Giraud partit.

. . . .

Reviendra-t-il ? —

Chacun y compte.

FIN.

Vive labeur !...

(Inscrit au haut du couronnement de la porte d'entrée de
la maison de Jeanne d'Arc.)

TABLE DES MATIÈRES

III

LA BRODERIE.

IV

L'ART DE FILER.

V

LA DENTELLE.

VI

LES FLEURS ARTIFICIELLES.

VII

LES GANTS.

VIII

LE TRICOT.

IX

LA PORCELAINE.

X

LA SOIE.

XI

L'ACAJOU.

XVI

LE TRAVAIL.

FIN DE LA TABLE.

BIBLIOTHÈQUE DES DAMES ET DES DEMOISELLES

Format in-12

Mme D'ARNAILLÉ

Marie-Thérèse et Marie-Antoinette. 2e édit. 1 vol. ... 3 fr. 50
Catherine de Bourbon. 2e édit. 1 vol. 3 fr.
Marie Leckzinska, reine de France. 2e édit. 1 vol. ... 2 fr.

HIPP. AUDEVAL

Paris et Province. 1 vol. ... 3 fr.

Mlle CLAR. BADER

La Femme biblique. 2e édit. 1 vol. 3 fr. 50
La Femme grecque (*Ouvrage couronné par l'Académie française*). 2e édit. 2 vol. ... 7 fr.

Mme BLANCHECOTTE

Impressions d'une femme. Portraits et Méditations. 1 vol. ... 3 fr.
Tablettes d'une femme pendant la Commune. 1 vol. ... 3 fr. 50

J. DE CHAMBRIER

Marie-Antoinette, reine de France. 2e édit. 2 vol. ... 7 fr.

AUGUSTA COUPEY

L'Orpheline du 41e. 2e édit. 1 vol. ... 3 fr.

Mme CRAVEN (AUG.)

Récit d'une sœur. Souvenirs de famille. (*Ouvrage couronné par l'Académie française*). 25e édit. 2 vol. ... 8 fr.
Anne Séverin. 11e édit. 1 vol. ... 4 fr.
Fleurange (*Ouvrage couronné par l'Académie française*). 8e édit. 2 vol. ... 6 fr.
Adélaïde Capece Minutolo. 6e édition. 1 vol. ... 2 fr.

GAB. D'ETHAMPES

Isabelle aux blanches mains. 1 vol. 3 fr.

ROSA FERRUCCI

Sa vie et ses lettres, publiées par sa mère et trad. avec une Introd. par M. l'abbé LE-MONNIER. 2e édit. 1 vol. ... 3 fr.

Mme FERTIAULT

L'Education du cœur. Causeries et conseils d'une mère. 1 vol. ... 3 fr.

Mme GAGNE-MOREAU

Mémoires d'une Sœur de charité. 1 volume. ... 3 fr.

MAURICE DE GUÉRIN

Journal, Lettres et Poëmes. 1 vol. 3 f. 50.

EUGÉNIE DE GUÉRIN

Journal et Lettres (*Ouvrage couronné par Acad. fr.*). 2 vol. ... 7 fr.

Mlle GUERRIER DE HAUPT

Marthe (*Ouvrage couronné par l'Académie française.*) 1 vol. ... 3 fr.

Mme GUILLON

Cinq années de la vie des jeunes filles. 2e édit. 1 vol. ... 3 fr.
L'Entrée dans le monde, *Simples récits* 2e édit. 1 vol. ... 3 fr.
Projets de jeunes filles. *Claire Duquénois.* 1 vol. ... 3 fr.

JONVEAUX

Le Sacrifice de Paul Wynter. 1 v. 3 fr.

Mlle THÉRÈSE ALPH. KARR

La Fille du Cordier. Histoire irlandaise. 1 vol. ... 3 fr.

V. DE LA PRADE

Pernette. 5e édit. 1 vol. ... 3 fr. 50

Mme LENORMANT

Quatre femmes au temps de la Révolution. (*Ouvrage couronné par l'Académie française*) 3e édit. 1 vol. ... 3 fr.

MICHEL MASSON

Les Gardiennes. 1 vol. ... 3 fr.
Lectures en famille. Scènes du foyer domestique. 1 vol. ... 3 fr.

ANT. RONDELET

Le Lendemain du mariage. 2e édition. 1 vol. ... 3 fr.
Le Danger de plaire, etc., etc., 1 volume. Prix ... 3 fr.
L'Education de la vingtième année. Lettres à ma cousine Nathalie. 1 vol. ... 3 fr.

Mme SEBRAN

Rousou. Histoire du village. 1 vol. ... 3 fr.
Journal d'une mère pendant le siège de Paris. 1 vol. ... 3 fr.

Mme SWETCHINE

Sa vie, ses Méditations. 12e édition. 2 vol. Portrait ... 8 fr.

Mme DE WITT

Scènes d'histoire et de famille. (*Ouvrage couronné par l'Académie française.*) 1 vol. ... 3 fr.
Charlotte de la Trémoille, comtesse de la Trémoille. 1 vol. ... 3 fr. 50

Mlle ULLIAC

Emilie, ou la Jeune fille auteur. 1 vol. 3 fr.

PARIS. — IMPRIMERIE DE E. MARTINET, RUE MIGNON, 2

9 782019 222284